KB200302

무심코 표절을 한 십대에게

새내기 크리에이터를 위한 저작권법 완전 정복!

무심코 표절 을 한
십대에게

송시현, 박지환
지음

주니어태학

일러두기

● 판결문·인용문은 띄어쓰기 등을 적용하지 않고 그대로 실었습니다.

● 책명·언론사 이름은 《 》, 영화·기사·노래 제목 등은 〈 〉으로 표기했습니다.

책을 내며

온라인으로 다른 사람의 창작물을 보고 듣기도 쉽고, 자신의 창작물을 공유하기도 편리한 세상입니다. 창작물이라고 하니 어렵게 느껴지나요? 여러분이 SNS에 글 한 구절을 쓰고, 사진이나 그림을 올리는 것도 바로 '창작 활동'이랍니다. 어떻게 보면 대다수의 청소년 여러분을 크리에이터라고 볼 수도 있겠지요?

그런데 많은 청소년이 저작권을 잘 모릅니다. 타인의 창작물에 저작권이 발생한다는 것도요. 저작권법을 위반한 청소년 대부분이 그 사실을 놓칩니다. 폰트 저작권 위반으로 많은 청소년이 고소를 당한 사례를 예로 들 수 있겠네요. 폰트는 온라인에서 쉽게 다운 받을 수 있잖아요. 많은 청소년이 저작권을 모르다 보니 폰트에도 저작권이 있다는 것을 몰라서 법을 위반한 것이죠. 이러한 사례를 포함해서 청소년들의 저작권 침해 사례가 많아지자, 문화체육관광부와 대검찰청에서 청소년 저작권 침해 사범 양산을 방지하기 위해 '청소년 저작권 침해 고소 사건 각하 제도'를 시행하기도 했어요. 저작권법을 위반한 적이 없는 청소년이 우발적으로 저작권을 침해했을 때 1회에 한해 조사 없이 각하 처분을 할 수 있도록 한 제도였죠.

이렇듯 청소년들이 창작자로서 온라인에서 활동하다 보면, 저작권법을 잘 몰라서 저작권을 침해하게 되는 경우가 많이 발생하는데요. 청소년이라 하더라도 저작권법을 위반하게 되면 형사처벌 대상이 될 수 있어서 정말 조심해야 해요. 저작권법 위반의 경우 5년 이하의 징역, 5천만 원 이하의 벌금도 낼 수 있는 큰 범죄거든요.

우리 법은 '법을 몰라서 위반했다'라고 해서 용서해 주지 않아요. 몰랐어도 위반했다면 처벌 대상이 될 수 있어요. 그러니 온라인에서 창작 활동을 하는 여러분이라면 저작권법에 대해 어느 정도는 숙지하고, 기본적으로 저작권을 침해하지 않는 활동이 필요해요. 이러한 생각을 기반으로 저도 청소년을 위한 쉽고 재미있는 저작권법 책을 써야겠다고 다짐했죠. 법은 사실 어려워요. 그래도 청소년 여러분이 저작권법을 더 많이 알아가기를 바라는 마음으로 최대한 쉽게 설명하려고 노력했답니다.

이 책에는 현재 크리에이터이자 장차 크리에이터가 될 청소년 여러분들에게 필요한 저작권 정보를 최대한 담았어요. 요즘 많이 활용되는 'AI 저작권'을 비롯해서 '폰트 저작권', '영상 저작권', '음악 및 안무 저작권', 밈이나 숏츠 등 '2차적저작물작성권', 저작물 공유 사이트를 이용할 경우의 저작권 문제, 저작물의 공정한 이용이 무엇인지 등에 대해 알려드릴 거예요. 여러분의 책장 가까운 곳에 이 책을 두고 자신의 콘텐츠에 혹시 문제 있는지, 아니면 누군가 여러분의 콘텐츠의 저작권을 침해한 것은 아닌지 그때그때 확인해 보세요. 여러분에게 정말 유용한 책이 될 거예요.

마지막으로 한 마디 덧붙일게요. 우리 저작권법은 저작권자의 권리만 보호하는 법이 아니에요. 저작물의 공정한 이용을 도모함으로써 문화 및 관련 산업의 향상 발전에 이바지하는 것도 그 목적이지요(저작권법 제1조). 청소년 크리에이터 여러분이 이 책을 통해 타인의 저작권을 침해하지 않고 존중하면서도, 저작권법을 현명하게 이용해서 우리 문화를 더욱 빛나게 할 창작물을 많이 만들 수 있으면 좋겠어요.

송시현

차례

3장. 크리에이터라면 이 정도는 알아야죠!

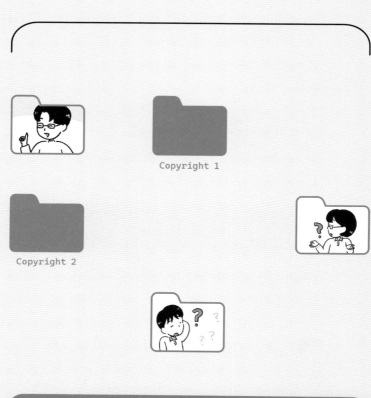

Copyright 1

Copyright 2

🔔 1장

🔔 처음 만나는 저작권

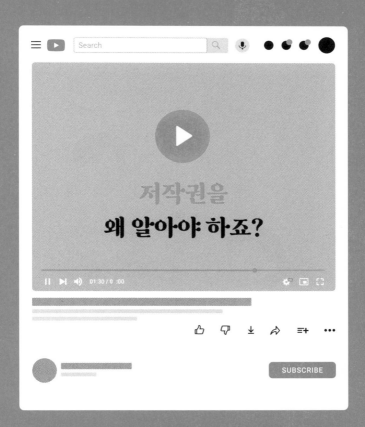

　한 번쯤 온라인에서 활동하다 보면 '저작권'이라는 용어를 만나게 됩니다. 그런데 저작권이 정확히 무엇이며, 어떤 뜻인지는 잘 모르지요. 그러니 지금부터 함께 알아볼까요? 저작권은 '사람의 사상 또는 감정을 표현한 창작물에 대해 저작자나 그 권리 승계인이 행사하는 배타적·독점적 권리'입니다. 영어로 'Copyright'라고 해요. 조금 어렵죠? 원본을 복제 또는 복사copy할 수 있는 권리를 저작권이라고 이해해도 괜찮아요. 이러한 저작권을 가진 사람을 '저작자'라고 해요. 저작자가 자신의 아이디어를 독자적으로 표현한 창작물을 '저작물'이라고 하지요. 그렇다면 저작자는 구체적으로 어떤 권리를 가지고 있을까요? 저작자는 유일하게 자신의 저작물을 복제 또는 복사할 수 있는 권리를 가지고 있어요.

입법자들은 창작자가 정성 들여 만든 창작물이 무단으로 사용되지 않도록 보호하고, 정당한 보상을 받을 수 있도록 법을 마련했어요. 그 결과 창작물에 저작권을 부여하기로 약속했죠. 저작권은 창작자만 자신의 창작물을 이용하거나 복제할 수 있도록 하고, 다른 사람은 그렇게 할 수 없도록 하는 강력한 권리예요. 정리하자면, 창작자가 자신의 아이디어나 인간의 사상, 감정을 창의적으로 담은 창작물을 만든 그 순간부터 창작자는 법적으로 저작자가 되고 창작물은 저작물이 되며 저작권도 별도의 등록 없이 자동으로 부여된다는 것입니다.

그렇다면 저작권이라는 제도가 왜 만들어졌는지 저작권 제도에 관한 법률인 '저작권법'으로 더 알아볼까요?

제1조(목적)

이 법은 저작자의 권리와 이에 인접하는 권리를 보호하고 저작물의 공정한 이용을 도모함으로써 문화 및 관련 산업의 향상 발전에 이바지함을 목적으로 한다.

어려울 수도 있지만 "문화 및 관련 산업의 향상 발전"

이라는 문구에 주목해 보세요. 저작물을 힘들게 만들었는데 아무나 자신의 저작물을 복제해서 이용할 수 있다면 허탈하겠죠? 그래서 저작물을 보호하고 저작자의 노력을 보상할 수 있도록 저작자에게 강력한 권리를 부여하게 된 것이에요. 그렇다고 해서 저작권법이 꼭 저작자만을 위한 법은 아닙니다. 저작권법은 저작자와 저작물을 이용하려는 사람 모두를 위한 법이에요.

저작물은 무엇인가요?

저작권은 사람이 만든 모든 창작물이 아닌, 오로지 '저작물'에만 인정이 되는 권리입니다. 그렇다면 저작물로 인정받으려면 어떤 요건이 필요할까요? (1)인간의 사상이나 감정이 있어야 하고 (2)창작성이 갖추어져야 저작물로 인정을 받을 수 있습니다.

지금 함께 볼 사진은 인도네시아에 사는 원숭이가 데이비드 슬레이터라는 사진작가의 카메라를 빼앗아서 직접 찍은 사진이에요. 원숭이의 환한 미소에 보기만 해도 기분이 좋아지는군요. 그런데 동물이 촬영한 사진은 저

인도네시아 술라웨시에서 촬영한 암컷 검정짧은꼬리원숭이의 셀카 사진

작물일까요?

이런 질문을 했을 때 저작물이라는 의견과 그렇지 않다는 의견이 반반씩 갈리곤 해요. 여러분은 어떤가요? 원숭이가 직접 찍은 사진이라면 인간의 사상이나 감정이 표현된 것이 아니겠죠? 실제로 미국 법원에서 해당 사진이 저작물에 해당하는지에 관해 다툼이 있었어요. 결론적으로 해당 사진은 인간의 사상이나 감정을 표현한 창작물이 아니므로 저작물에 해당하지 않는다고 판단되었어요. 저작물이 아니면 누구나 자유롭게 복제하거나 복사해서 이용할 수 있죠.

실제로 해당 사진이 업로드되어 소송의 발단을 만든 위키피디아의 라이선스 설명란에는 인간이 아닌 동물이 창작했다는 점을 분명히 하고 '퍼블릭 도메인Public Domain', 즉 누구나 자유롭게 해당 사진을 가져다 쓸 수 있다고 설명하고 있어요.

다음은 저작물이 되기 위한 조건인 '창작성'에 대해 살펴볼게요. 우리나라에서도 창작성 문제로 법원까지 간 사례가 있어요. 바로 '솔섬 사진' 사례입니다.

솔섬은 강원도 삼척에 있습니다. 소나무가 물 위로 비치는 절경으로 유명한 곳이죠. 2007년에 유명 사진작가

마이클 케냐가 솔섬 사진을 찍었습니다. 그런데 사진작가 김성필이 2010년에 촬영한 솔섬 사진이 어느 광고에 사용되면서 문제가 생겼어요. 마이클 케냐의 사진과 너무 비슷해 보였거든요. 이 문제가 법원에서 실제 소송으로 진행되어서 사건은 더 유명해졌습니다.

여러분들은 어떻게 생각하나요? 2010년에 찍은 사진이 2007년에 찍은 사진을 그대로 복제한 것일까요? 김성필의 사진이 표절작이라고 볼 수 있을까요?

법원은 김성필이 마이클 케냐의 저작권을 침해한 것이 아니라고 판단했어요. 개성이 분명하고 고정된 자연물이나 풍경을 사진으로 찍게 되면 누가 찍어도 결과물이 비슷할 수밖에 없다는 것이죠. 즉 어떤 자연물이나 풍경을 사진으로 찍을지 여부는 '아이디어'의 영역이고, 아이디어만으로는 저작권으로 보호할 수 없다는 뜻이에요. 아이디어에 저작권을 부여하기 시작하면 새로운 것을 만들어 내기가 어려워지기 때문이죠. 정리하자면 아이디어를 떠올린 것만으로는 저작권자가 될 수 없고, 아이디어를 발전시켜 창의력이 돋보이는 독창적인 결과물이 나와야 저작권을 인정받을 수 있어요. 저작권은 아이디어가 구체적으로 표현된 저작물에만 인정된다는 말입니다.

솔섬 사진 사례를 조금만 더 볼까요? 솔섬은 경치가 좋아 사람들이 많이 방문하는 섬입니다. 그런데 사진에 담기는 풍경은 고정되어 있으니 누가 찍더라도 구도나 느낌이 비슷하겠죠?

법원은 마이클 케냐가 작품을 찍기 전인 2006년 제2회 삼척관광 전국사진공모전에서 입선작으로 선정된 〈호산의 여명〉이라는 작품에 주목했어요. 〈호산의 여명〉은 공모전의 주제였던 솔섬을 촬영한 사진이었고, 마이클 케냐의 작품과도 유사했거든요.

특정 자연물이나 풍경을 찍어야겠다는 아이디어에 저작권을 부여할 수 있다면, 마이클 케냐도 국내 작가의 저작권을 침해했다고 할 수 있다는 것이죠. 여기서 중요한 것은 누가 촬영하더라도 같거나 유사한 결과를 얻을 수밖에 없다면 이러한 자연물이나 풍경을 찍는 것은 '표현'이 아니라 '아이디어'라는 이야기입니다. 법원의 판단을 직접 살펴볼게요.

솔섬과 같은 고정된 자연물이나 풍경을 대상으로 할 경우 누가 촬영하더라도 같거나 유사한 결과를 얻을 수밖에 없어 그 창작적 표현의 범위가 매우 제한되므로 폭 넓은 보호를 부여할 수 없는 부분이다. 앞서 인정한 것처럼 이 사건 사진저작물과 이 사건 공모전 사진은 그 촬영 계절과 시간이 완전히 다른데도 솔섬과 반영의 형태가 유사한바, 만일 이 사건 사진저작물에 나타난 솔섬 및 그 반영의 형태를 폭 넓게 보호한다면 후속 창작자들의 창작활동에 부당한 제약이 될 우려가 있다.[1]

저작물은 무엇인가요?

저작권법 제4조 제1항에서는 표현 수단에 따라 분류한 9가지 저작물로 저작물이 무엇인지 알려 주고 있어요. 저작물의 종류는 예시를 든 것이지 저작물의 종류를 아래 종류로만 제한하는 것은 아니에요.

❶ 소설·시·논문·강연·연설·각본 그 밖의 어문저작물
❷ 음악저작물
❸ 연극 및 무용·무언극 그 밖의 연극저작물
❹ 회화·서예·조각·판화·공예·응용미술저작물 그 밖

의 미술저작물

❺ 건축물·건축을 위한 모형 및 설계도서 그 밖의 건
　축저작물

❻ 사진저작물(이와 유사한 방법으로 제작된 것을 포함한다)

❼ 영상저작물

❽ 지도·도표·설계도·약도·모형 그 밖의 도형저작물

❾ 컴퓨터프로그램저작물

　저작물 종류 중 해당하는 것이 없는 저작물이라 하더라도 저작권법에 따른 보호를 받을 수 있어요. 그리고 하나의 저작물이 여러 종류의 저작물에 해당하기도 해요. 예를 들어 영화는 영상저작물, 미술저작물, 어문저작물(각본) 등이 어우러진 '종합 예술'이지요.

　이외에도 저작물은 저작물에 표시된 저작자의 이름에 따라 실명, 이명(예명이나 별명), 무명(저작자 표시가 없는 것)저작물로 분류하기도 하고, 성립 순서에 따라 '원저작물', '2차적저작물'로 분류하기도 해요. 원저작물이 최초로 만든 저작물이고, 2차적저작물은 원저작물을 토대로 창작한 저작물이지요. '번역저작물', '편곡저작물' 등이 대표적인 2차적저작물입니다.

그 외에도 '편집물'로서 그 소재의 선택·배열 또는 구성에 창작성이 있는 것으로 보호되는 '편집저작물'도 있는데요. 편집물은 다른 사람의 글·그림·사진·자료 등을 모으고, 기준에 따라 창의적으로 정리한 작품입니다. 잡지나 백과사전, 사진집 혹은 플레이리스트도 편집물이라 할 수 있죠. 편집물도 저작물로 보호되는지 여부를 불문하고 소재의 '배열'이나 '구성' 자체로 저작물이라고 인정되는 것이지요.

저작자의 수에 따라 '단독저작물(혼자 만든 저작물)', '공동저작물(여럿이서 함께 만든 저작물)'로 나누기도 합니다. 정말 다양하게 분류할 수 있지요?

| 저작권은 언제까지 보호되나요?

단독저작물의 경우 저작자가 사망한 해의 다음 해부터 70년, 공동저작물의 경우 최후 저작자가 사망한 해의 다음 해부터 70년까지 보호됩니다(저작권법 제39조). 그리고 무명 또는 이명저작물, 업무상저작물의 경우에는 저작물을 공표한 해의 다음 해부터 70년까지 보호됩니다(저작권법 제40조, 제41조). 영상저작물도 공표한 때로부터 70년간 보호되지요. 다만, 창작한 때부터 50년 이내에 공표되지 않은 경우에는 창작한 때부터 70년간 보호됩니다(저작권법 제42조).

보호기간이 지난 저작물은 저작권이 사라진 것이므로 자유롭게 이용할 수 있어요. 본래 우리나라의 저작권 보호기간은 사후 50년이었어요. 그런데 2013년 7월 1일 한미 FTA 발표에 따라 보호기간이 연장되는 개정법이 시행되면서 미국의 기준인 사후 70년이 적용되었지요. 다만 '소급입법금지의 원칙'에 따라 1962년 12월 31일 이전에 사망한 작가의 작품은 기존 규정대로 사후 50년까지 보호되고, 1963년 1월 1일 이후에 사망한 작가의 작품은 개정 저작권법에 따라 사후 70년까지 보호됩니다. 예를 들어 1962년 12월 31일까지의 뉴스 기사들은 현재 저작권 보호기간이 만료되어 자유롭게 이용할 수 있어요.

'소급입법금지의 원칙'은 법이 만들어지기 전에 일어난 일에 대해 새로운 법을 소급 적용하지 않는다는 원칙이에요. 즉 법이 제정되기 전에 한 행동은 나중에 생긴 법으로 처벌하거나 제한할 수 없다는 뜻으로, 새로운 규

칙을 과거의 일에 적용하지 않는다는 약속이라 할 수 있어요.

> ### 퍼블릭 도메인 데이!

미국에서는 매년 1월 1일마다 저작권 보호기간이 만료된 저작물들을 발표해요. 이날을 '퍼블릭 도메인 데이 Public Domain Day'라고 부른답니다. 저작권이 만료되고 저작물이 퍼블릭 도메인으로 바뀌는 날을 기념하는 것이지요. 저작재산권의 보호기간은 저작자가 사망하거나 저작물을 창작 또는 공표한 다음 해부터 계산하기 때문에 매년 1월 1일이면 저작권 보호기간이 만료된 저작물들이 나오게 됩니다.

2025년에는 어떤 저작물들의 보호기간이 만료되었을까요? 미국은 개인 저자가 사망한 후 70년, 기업저작물 공표 후 95년, 기업저작물 창작 후 120년 중 가장 짧은 기간을 기준으로 해서 저작물을 보호해요. 1929년에 출판된 미국의 영화와 책의 경우 2025년을 기준으로 공표 후 95년이 지나 보호기간이 만료되었지요. 1929년에 출

미키 마우스 애니메이션인 〈증기선 윌리〉는 퍼블릭 도메인이 되었지만, 미키 마우스 캐릭터 자체의 저작권은 만료되지 않았다. 이 작품을 제외한 영화 내 캐릭터들, 특히 장갑 없는 미키 마우스 캐릭터는 여전히 디즈니의 상표로 유효하게 등록되어 있다. 그렇기에 이용할 때 주의해야 한다.

판된 책으로는 어니스트 헤밍웨이의《무기여 잘 있거라》라는 소설, 1929년에 공개된 캐릭터로는 '뽀빠이' 캐릭터가 있습니다.

보호기간이 만료된 작품들은 저작권 걱정 없이 자유롭게 활용할 수 있어요. 1928년에 공표된 미키 마우스의 세 번째 애니메이션 작품이자 미국 애니메이션 최초로 사람의 목소리가 나오는 더빙 애니메이션인 〈증기선 윌리〉는 2024년, 1926년에 공표된 소설《곰돌이 푸》는 2022년에 각각 저작권 보호기간이 끝났어요. 이를 이용해 미키 마우스는 2024년에 〈미키의 마우스 트랩〉이라는 공포영화로,《곰돌이 푸》는 2023년에 〈곰돌이 푸: 피와 꿀〉이라는 공포영화로 제작되었죠. 귀여운 캐릭터로 공포영화가 만들어지자 동심 파괴라는 비판이 제기되기도 했답니다.

그렇다면 우리나라는 어떨까요? 현재 우리나라에는 미국처럼 퍼블릭 도메인 데이 같은 날이 없어요. 우리나라 저작권법상 1962년까지 사망한 작가의 작품은 보호기간 50년이 적용되어 그 기간이 만료되었고, 1963년 이후 사망한 작가의 작품들은 사후 70년인 2033년까지 보호되기 때문입니다. 당분간 우리나라에서 보호기간

만료 저작물은 보기 어려울 것 같아요. 하지만 2034년 부터는 우리나라에서도 매년 1월 1일 저작권이 만료되는 작가의 작품들을 소개해도 좋겠지요?

저작자는 누구인가요?

저작물을 창작한 사람이 저작자라고 했죠? 이때 창작 자는 스스로 창의성을 발휘해 저작물을 만든 사람입니다. 아이디어를 제공한 사람이나 단순 도움을 준 사람은 창작자라고 보기 어려워요. 여러 사람이 함께 만들어 낸 저작물은 공동저작권으로 인정될 수 있지만 누가 저작권을 가질지 합의해 결정하기도 해요.

법인이나 단체 내부에서 여러 사람이 협동해 만들어 낸 저작물은 그 법인이나 단체, 사용자가 저작자입니다. 예를 들어 어떤 회사 소속 디자이너가 회사의 기획을 통해 만들어서 회사 이름으로 내놓는 창작물은 '업무상저작물'이며 그 회사가 저작자인 것이죠. '업무상저작물'은 법인·회사·기관 등에서 직원이나 근로자가 직무 수행 과정에서 만든 저작물을 뜻합니다.

저작자에게는 저작권이 인정돼요. 우리나라에서 저작권은 저작물을 창작한 때부터 발생하며 어떠한 절차나 형식의 이행이 필요 없는 '무방식주의'를 택하고 있어요. 저작권을 등록하지 않아도 창작하는 순간 창작자에게 저작권이 처음부터 생기죠. 이러한 저작권에는 '저작인격권'과 '저작재산권'이 있어요.

　저작인격권은 저작자가 자신의 저작물에 대해 가지는 인격적·정신적 권리입니다.[2] 저작물을 공표할 것인지를 결정할 수 있는 권리인 '공표권', 저작물에 자신의 이름을 표시할 권리인 '성명표시권', 저작물을 원형 그대로 존속시킬 수 있는 권리인 '동일성유지권'이 바로 저작인격권이지요. 이러한 저작인격권은 저작자만이 가질 수 있는 권리여서 다른 사람에게 주거나 상속시킬 수 없고, 저작자가 사망하면 함께 없어져요. 다만 저작권법은 저작권자가 사망하더라도 일정한 경우에는 그 인격적 이익을 보호해요. 이를 '사후 저작인격권 보호'라고 해요. 저작권자가 세상을 떠났어도 저작물이 함부로 왜곡되거나, 이름이 지워지거나, 명예가 훼손되지 않도록 저작권법이 저작물과 저작자를 지켜 주는 것입니다.

저작재산권은 저작물을 이용하기 위한 권리예요. '복제권', '공연권', '공중송신권', '전시권', '배포권', '대여권', '2차적저작물작성권'을 말하죠. 저작재산권을 갖고 있는 사람은 이러한 권리들을 다른 사람이 이용할 수 있도록 허락하고 그에 대한 대가를 받을 수 있어요.[3] 다시 말하면, 저작권을 가지고 있지 않은 사람이 해당 저작물을 이용하기 위해서는 저작재산권을 가진 사람으로부터 이용할 수 있다는 허락을 받아야 하는 것이죠. 저작재산권을 더 자세히 알아볼까요?

복제권은 무엇인가요?

복제권은 인쇄, 사진 촬영, 복사, 녹음, 녹화 같은 저작물을 복제할 수 있는 권리입니다(저작권법 제16조). 그렇다면 인터넷 링크를 친구에게 전달하는 것은 복제일까요? 대법원에서는 링크를 주고받는 것은 복제가 아니라고 판단했어요. 링크 사례를 함께 봅시다.

〈사례 ❶〉

사진작가 A는 자연 풍경을 촬영해서 웹사이트에 올렸어요. 그런데 인터넷 포털 사이트 업체 B에서 검색을 하면 A의 작품 이미지가 썸네일(영상·이미지·글 등 콘텐츠의 내용을 한눈에 보여 주기 위해 만든 작은 그림이나 사진) 형식으로 작게 뜨고, 해당 이미지에는 원래 이미지가 저장된 사이트의 링크가 첨부되어 있었죠. 썸네일을 누르면 원래 이미지가 저장된 사이트로 들어갈 수 있도록 설정되었던 거예요. A는 B가 자신의 허락을 받지 않고 이미지 검색 서비스를 제공한 것이 저작권 침해라며 B의 잘못으로 인해 입은 피해를 보상해 달라고 법원에 요청했어요.

이에 대해 대법원은 B의 행위가 저작권법상 복제·전송·전시에 해당하지 않는다고 보았어요. 인터넷 링크는 인터넷 상에서 다른 웹페이지나 파일로 이동하려고 연결한 웹페이지나 웹사이트 등 서버에 저장된 개개의 저작물 등의 웹 위치 정보나 경로를 나타낸 것에 불과하다고 보았기 때문이에요. 그리고 링크가 저작물의 전송 의뢰를 하는 지시 또는 의뢰의 준비일 뿐이라고 설명했습니다.

인터넷 링크를 대법원의 설명처럼 볼 수 있기에, 대법원은 포털 사이트가 원본 이미지를 작게 줄이거나 변환한 '상세

보기 이미지'를 직접 서버에 저장했다고 보기 어렵다고 했
어요. 서버에 이미지를 저장했다고 단정할 수 없으니, 이를
바탕으로 복제권(복사할 권리), 전송권(인터넷에 올릴 권리),
전시권(공개해 보여 줄 권리)을 침해했다고 인정하기도 어렵
다고 판단했지요.[4]

공연권은 무엇인가요?

　공연권은 저작물을 공연할 권리입니다(저작권법 제17
조). '공연'이란 저작권법에 따르면 저작물 또는 실연·음
반·방송을 상연·연주·가창·구연·낭독·상영·재생 그 밖
의 방법으로 사람들에게 공개하는 것을 말해요. 사람들
이 만든 작품 등을 방송인 같은 사람이 직접 많은 사람
앞에서 공개한다는 뜻이죠. 연주회나 영화관에서 영화를
틀어 주는 것을 떠올리면 쉬워요. 그런데 이 공간은 한
사람이 관리하는 '연결된 장소'여야 해요. 서로 다른 건물
이나 지역으로 보내는 것은 포함되지 않아요. 전송도 제
외되기에 유튜브 라이브 같은 인터넷 방송은 공연에 포
함되지 않는다는 점도 중요합니다(저작권법 제2조 제3호).

공중송신권은 무엇인가요?

공중송신권은 저작물을 '공중송신'할 권리예요(저작권법 제18조). 공중송신이란 저작물, 실연·음반·방송 또는 데이터베이스를 사람들이 받아서 보거나 접근하게 할 목적으로 무선 또는 유선 통신의 방법으로 보내거나 이용에 제공하는 것을 말해요(저작권법 제2조 제7호). 즉 공중송신은 저작물을 인터넷, 텔레비전, 라디오 같은 것을 이용해서 여러 사람이 볼 수 있게 제공하는 모든 행동이죠.

전시권은 무엇인가요?

전시권은 미술저작물 등의 원본이나 그 복제물을 전시할 권리예요(저작권법 제19조). 미술저작물이란 미술저작물·건축저작물 또는 사진저작물 등을 통틀어서 부르는 용어입니다. 전시란 미술저작물·건축저작물 또는 사진저작물의 원작품이나 그 복제물 등의 유형물을 일반인이 자유롭게 관람하도록 진열 또는 게시하는 행동이

조.[5] 미술관에 작품을 전시하는 것, 사진전을 여는 것도 저작권자가 가진 권리입니다.

배포권은 무엇인가요?

배포권은 저작자가 저작물의 원본이나 그 복제물을 배포할 권리예요(저작권법 제20조 본문). '배포'란 저작물 등의 원본 또는 그 복제물을 사람들에게 대가를 받거나 받지 않고 양도 또는 대여하는 것입니다(저작권법 제2조 제23호). 책을 쓴 저자가 책을 만들어 판매하는 것을 생각하면 돼요. 다만 보통 저자들은 출판사와 계약을 해요. 계약으로 배포권을 허락받은 출판사가 배포를 하지요. 그렇다면 내가 산 책을 중고로 팔면 배포권 침해인가요?

저작권법 제20조에는 "저작물의 원본이나 그 복제물이 해당 저작재산권자의 허락을 받아 판매 등의 방법으로 거래에 제공된 경우에는 그러하지 아니하다"라는 단서가 있어요. 저작권법에서는 이미 판매된 책이나 음반 등의 경우 더 이상 저작권자에게 배타적인 배포권을 인정하지 않는다는 것이죠. 이런 것을 '권리소진의 원칙' 또는 '최초판매의 원칙'이라고 불러요. 이러한 조항이 있기에 책, 음반 같은 물품들을 자유롭게 중고로 거래할 수 있는 것이랍니다.[6]

| 대여권은 무엇인가요?

대여권은 저작자가 상업적 목적으로 발표된 음반이나 프로그램을 돈을 벌기 위해 대여할 권리를 말해요(저작권법 제21조). 그런데 이상하지 않나요? 분명 배포권 부분에서 '최초판매의 원칙'에 따라 음반이 이미 판매된 경우 배포권이 인정되지 않는다고 배웠어요. 그렇다면 이미 판매된 음반도 자유롭게 대여할 수 있는 것 아닌가 싶을 거예요. '최초판매의 원칙'에 따르면 그게 맞아요.

하지만 상업용 음반 같은 저작물을 대여하는 산업이 발전하면서 최초판매의 원칙을 고수한다면 저작권자의 이익이 침해될 수 있는 문제가 생겨요. 사람들이 계속 대여점에서 저작물을 빌리고 구입하지 않는다면 최초 저작권자는 저작권을 통해 수익을 얻기 어렵겠지요? 그래서 '대여권'이라는 권리를 새로 만들게 된 거예요. 다만 대여권의 대상이 되는 저작물은 상업적 목적으로 발표된 '음반'과 '프로그램'이에요. 도서나 DVD는 대여권의 대상이 아닙니다.[7]

| 2차적저작물작성권은 무엇인가요?

　2차적저작물작성권이란 저작물을 원저작물로 하는 '2차적저작물'을 작성해서 이용할 권리입니다(저작권법 제22조). 2차적저작물이란 원저작물을 번역·편곡·변형·각색·영상 제작 그 밖의 방법으로 작성한 창작물입니다(저작권법 제5조 제1항). 남이 만든 작품을 바탕으로 새로운 작품을 만들 권리예요. 소설을 영화화한다거나 노래를 리믹스하고 만화를 웹툰으로 리메이크하는 것이 이에 해당합니다. 이러한 2차적저작물도 새로운 작품임으로 저작권이 생겨요.

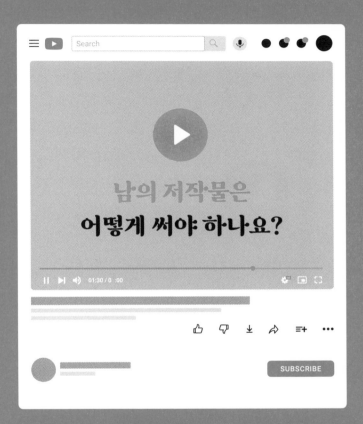

　남의 저작물을 이용할 때는 저작자에게 허락받아야 해요. 상업적으로 돈을 받고 판매되는 저작물은 저작권 이용에 대한 대가를 지급하고 허락을 받기도 하죠. 그렇지 않은 저작물은 대가를 지급하지 않더라도 저작자에게 허락은 받아야 해요. 다른 유튜버의 콘텐츠 내용이 너무 좋아서 가져다 쓰고 싶으면 허락을 구하기 위해 댓글을 달거나 연락을 해야겠죠. 너무 귀찮다고요? 남의 저작권을 침해했을 때 어떤 일이 벌어질지 함께 알아보도록 해요.

| 남의 저작권을 침해하면 어떻게 돼요?

　남의 저작물을 허락 없이 이용하면 '형사처벌'을 받거나 '민사소송'에 휘말릴 수 있어요. 저작권법을 위반해 남의 저작물을 무단으로 이용하면 '5년 이하의 징역' 또는 '5천만 원 이하의 벌금'을 내야 할 수도 있고요. 꽤 엄격하죠? 물론 허락을 받지 않았다고 해서 모두 벌을 받는 것은 아닙니다. 저작권법은 허락을 받지 않고 남의 저작물을 정당하게 이용할 수 있도록 예외를 두고 있기도 해요. 저작권법은 균형이 중요한 법이에요. 저작물을 보호해서 저작자의 정당한 이익을 보호할 필요도 있지만, 남의 저작물을 바탕으로 새로운 저작물을 만드는 데 지장이 없을 정도로만 보호한다는 것이 저작권법의 균형이죠.

　저작권법 제136조(벌칙)

　① 다음 각 호의 어느 하나에 해당하는 자는 5년 이하의 징역 또는 5천만 원 이하의 벌금에 처하거나 이를 병과倂科할 수 있다. 〈개정 2011. 12. 2., 2021. 5. 18.〉

　1. 저작재산권, 그 밖에 이 법에 따라 보호되는 재산적

권리(제93조에 따른 권리는 제외한다)를 복제, 공연, 공중송신, 전시, 배포, 대여, 2차적저작물 작성의 방법으로 침해한 자

청소년도 법대로 처벌받나요?

청소년이면 법대로 처벌할 수 없을까요? 아니에요. 14세부터는 법대로 형사처벌을 받을 수 있어요. 물론 10세부터 14세까지의 청소년을 뜻하는 '촉법소년'은 형사처벌은 받지 않습니다. 촉법소년이란 '법으로 처벌하기에는 나이가 어리다'는 뜻이에요. 촉법소년은 나이가 어리기에 처벌보다는 교육을 통해 문제를 바로잡는 것이 낫다고 생각해서 형사처벌을 하지 않는 것입니다.

촉법소년은 형사처벌을 받지 않지만 '보호처분'이라는 벌은 받을 수 있어요. 보호처분은 소년원에 가거나 사회봉사, 교육 등을 받게 하는 것인데, 1호에서 10호로 나뉘어요(소년법 제32조 제1항).

2022년에 넷플릭스에서 방영돼 화제가 된 드라마 〈소년심판〉을 보면 촉법소년이 범죄를 저질렀을 경우에 어

떤 처분을 받는지, 보호처분에는 어떤 종류가 있는지를 더 생생하게 알 수 있어요.

❶ 보호자 또는 보호자를 대신하여 소년을 보호할 수 있는 자에게 감호 위탁
❷ 수강명령
❸ 사회봉사명령
❹ 보호관찰관의 단기短期 보호관찰
❺ 보호관찰관의 장기長期 보호관찰
❻ 「아동복지법」에 따른 아동복지시설이나 그 밖의 소년보호시설에 감호 위탁
❼ 병원, 요양소 또는 「보호소년 등의 처우에 관한 법률」에 따른 의료재활소년원에 위탁
❽ 1개월 이내의 소년원 송치
❾ 단기 소년원 송치
❿ 장기 소년원 송치

여기서 3호 처분은 14세 이상, 2호와 10호 처분은 12세 이상에게만 할 수 있습니다. 이렇게 처벌을 구분한 둔 이유는 청소년의 품행을 바로잡는 데 이 방법이 적절하

고 실효성 있다고 보기 때문입니다.

'3호 사회봉사명령'은 장애인 요양 기관이나 노인 요양원 등에서 봉사활동을 하도록 하는 명령인데, 14세 이상 정도는 되어야 이를 수행할 수 있다고 보았어요. '2호 수강명령'은 소년의 성품, 행실을 개선하기 위해 교육이나 상담을 받도록 하는 것, '10호 장기 소년원 송치'는 2년 이내의 소년원 송치를 의미하는데요. 2호와 10호 처분은 12세 이상은 되어야 적절한 처분이라고 보았습니다. 보통 10호를 가장 큰 처분으로 봅니다.

물론 19세 미만의 청소년 중 저작권법 위반 전력이 없고, 침해 행위에 상습성이나 영리성이 있다고 보기 어려운 경우에는 형사 처벌을 받지 않기도 해요. 그렇지만 처음부터 저작권을 침해하지 않는 것이 낫겠죠?

청소년도 손해배상을 해야 하나요?

청소년이 저작권을 침해한 경우 저작권자에게 '손해배상'을 해야 할 수도 있어요. 우리나라는 18세까지 미성년자로 보고 있습니다. 미성년자는 경제적인 능력이 없어서 보호자가 대신 배상할 수 있지요.

　손해배상이란 법을 위반해서 다른 사람에게 손해를 끼친 경우, 그 손해가 없었을 때 같은 상태로 돌려놓는 것을 말합니다. 손해배상 방법은 크게 세 가지예요. 돈으로 배상하거나, 원래 상태로 돌려놓거나, 사죄를 하는 것이지요. 보통 손해배상이라고 하면 돈으로 배상하는 것을 뜻해요.

　실제로 어떤 청소년이 인터넷에 소설 원본 파일을 공유해 다른 사람이 다운받을 수 있도록 한 사례가 있었어요. 소설의 저작권자가 복제권, 공중송신권 등 저작권 침해를 이유로 청소년에게 손해배상청구를 한 사건이었죠. 1심 재판부는 원고에게 350여만 원을 배상하라고 판결하자 피고는 항소했어요. 항소심 재판부는 저작권자의 재산상 손해액을 30만 원으로 인정해서 저작권자에게 30만 원을 지급하라고 판결하기도 했지요.[8] 그러니 청소년도 손해배상을 할 수 있다는 사실을 알고 있어야 해요!

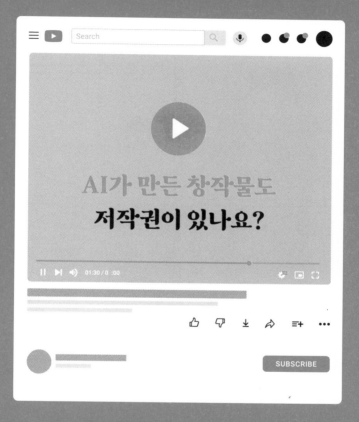

　저작물은 인간의 사상이나 감정을 표현한 것이라고 했었죠? 저작물을 창작하는 것도 기술의 발전과 무관한 인간만의 영역이라고 여겨졌어요. 하지만 인공지능(이하 AI)이 발전하면서 저작물을 AI 기술로도 창작할 수 있게 되었습니다. 세상이 바뀐 것이죠.

　'챗지피티ChatGPT'라고 들어 봤을 거예요. 2025년에는 중국의 '딥시크DeepSeek'가 챗지피티를 위협한다는 뉴스가 나오기도 했죠. 이러한 AI를 '생성형generative AI'라고 불러요. 인간이 창작한 저작물을 학습해 새로운 창작물을 생성하는 AI죠.

　그렇다면 생성형 AI가 만든 창작물은 저작물일까요? 저작물에 해당한다면 누구에게 저작권을 주어야 할까

생성형 AI 플랫폼 미드저니를 사용해 그린 그림이다. 작가는 미드저니에서 초기 이미지를 만들기 위해 최소 624개의 텍스트 프롬프트와 수정 사항을 입력했다고 한다. 〈우주 오페라 극장Théâtre D'opéra Spatial〉, 제이슨 M. 앨런 작품요? 아래 사례를 가지고 생각해 보죠.

〈사례 ❷〉

아무런 설명 없이 그림을 한번 평가해 볼까요? 실제로 위 그림은 제이슨 M. 앨런이 미국 콜로라도 주 미술 경진대회에 출품해서 상을 탄 작품이에요. 저작물로 평가하기에 문제가 없는 것 같아도 문제가 있었어요. 바로 "with Midjourney"라는 표현 때문입니다. 사람이 아닌 '미드저니'라는 생성형 AI로 그렸다는 뜻이죠. 인공지능이 창작한 작품이기에 수상을 취소해야 한다는 논란이 있기도 했어요. 수상이 취소되지는 않았지만요. 그렇다면 생성형 AI가 그림은 인간의 사상이나 감정을 표현한 것을 볼 수 있을까요? 위 그림처럼 생성형 AI가 만들어 낸 저작물은 저작물에 해당할까요?

| AI가 만든 것도 저작권법이 보호해 주나요?

저작권법에서는 인간이 만들어 창작성을 인정받을 수 있는 저작물을 보호대상으로 하고 있습니다. 따라서 인

간이 아닌, 동물이나 AI가 만든 산출물은 저작권법에 의해 보호가 되지 않습니다. 미국, 유럽, 일본 등 주요국에서도 AI가 만든 산출물은 저작권법에 의해 보호되지 않아요.

한국저작권위원회에서는 저작권법상 저작물은 '인간의 사상 또는 감정을 표현한 창작물'을 의미하므로 현행법 해석상 인간이 아닌 AI가 만든 산출물 자체에 대해서는 저작물성을 인정하지 않는다고 입장을 밝혔어요.

2022년에 한국음악저작권협회는 AI 산출물을 저작물로 인정할 수 없다며 가수 홍진영의 〈사랑은 24시〉를 작곡한 AI 프로그램 '이봄EVOM'에 대해 저작권료 지급 중단 결정을 하기도 했죠.[9]

현행 저작권법이 AI 산출물을 저작물로 보호하고 있지는 않으나, 저작권법 또는 별도 특별법을 통해서 보호 체계를 마련해야 한다는 목소리도 나오고 있어요. 이에 대해서는 향후 운영을 통해 입법 필요성 및 세부 이행 방안 등 논의할 예정이라고 해요.[10]

저작권은 저작권법 제10조 제2항에 따라 저작물을 창작한 때부터 발생해요. 그렇지만 우리나라에서는 저작권 권리 추정과 거래 안전을 도모하기 위해 '저작권 등록 제도'를 운영하고 있어요.

저작권 등록을 하게 되면 저작권자가 저작권을 갖고 있다는 사실을 입증하지 않아도 법정 추정력, 대항력이 생길 수 있어요. 이러한 힘을 가진 저작권이 침해당하면 '법정손해배상청구'라는 것을 할 수 있죠. 침해 행위가 일어나기 전에 원저작자가 미리 저작물을 등록했다면 원고가 실손해를 입증하지 않아도 원고는 사전에 저작권법에서 정한 일정한 금액(저작물마다 1천만 원, 영리를 목적으로 고의로 침해한 경우 5천만 원)을 손해액으로 인정받을 수 있습니다.

'저작권(저작물에 대해 저작자가 갖는 권리)', '저작인접권(실연, 음반, 방송 등 저작인접물에 대해 저작인접권자가 갖는 권리)', '데이터베이스 제작자의 권리(데이터베이스에 대해 제작자가 갖는 권리)에 대한 사항' 및 '출판권(저작물의 출판에 대한 권리)'과 '배타적 발행권(저작물의 배타적발행에 대한 권리)'에 대한 사항은 저작권 등록 대상이 돼요.

AI가 생성한 산출물도 이러한 저작권 등록 대상이 될 까요? 대부분의 AI 산출물은 인간이 만든 창작물이 아 니기 때문에 저작권법이 보호하는 저작물이 될 수 없어 요. 따라서 저작권 등록 대상도 될 수 없답니다. 실제로 한국저작권위원회에서가 AI 산출물에 대한 등록 신청을 거절한 사례도 있어요.[11]

AI 산출물을 마치 인간의 창작물인 양 저작권 등록하 면 저작권법상 허위 등록으로 처벌받을 수 있어요. 저작 권법 제136조 제2항 제2호에 따르면 저작권을 거짓으 로 등록한 경우 3년 이하의 징역, 3천만 원 이하의 벌금 을 받을 수 있답니다. 정말 조심해야겠지요?

> ## AI가 혼자 창작물을 만들면 저작권이 생기나요?

미국에서는 AI가 단독으로 그린 그림에 저작권을 인 정할 것인지에 관한 흥미로운 사건이 있었는데요. AI 기 반 이미지 생성 프로그램 '창작 기계Creativity Machine'를 개발한 스티븐 탈러는 해당 프로그램으로 〈파라다이스로의 최근 입구A Recent Entrance to Paradise〉라는 미술 작품을 창작했어요. 이 작품은 개발자의 개입 없이 AI가 단독으로 창작한 작품이었지요.

스티븐 탈러는 자신의 작품을 업무상저작물로 등록하려 했어요. 참고로 미국은 저작권법상 저작물 창작시 저작권이 발생하지만, 저작권 침해 소송을 제기하기 위해서는 저작물을 등록해야 해요. 그런데 미국 저작권청에서는 인간이 창작한 저작물이 아니라는 이유로 등록을 거절했어요. 스티븐 탈러는 자신이 AI의 소유자이므로 AI가 만든 저작물은 업무상저작물이어서 고용주인 자신에게 저작권이 양도된다고 주장했지요. 그러나 법원에서는 '인간의 창작성'이 개입된 것만이 저작권법의 보호 대상이 되기에 스티븐 탈러의 주장을 기각했답니다.[12]

보호받을 수 없는 AI 창작물

챗지피티를 이용해 보았다면 AI 모델에게 작업을 지시·명령하는 명령어인 '프롬프트'를 입력한 경험이 있을 거예요. 생성형 AI가 새로운 창작물을 만들려면 프롬프트라는 구체적인 명령이 필요하거든요. 어떤 명령어를 넣느냐에 따라 결과물도 달라지죠.

생성형 AI가 만든 결과물이라도 누군가는 그 결과물을 만들어 내기 위해 자신만의 명령어를 입력했을 거예요. 그렇다면 생성형 AI에 명령을 한 사람과 생성형 AI 또는 생성형 AI를 만든 기술 회사 중 누구에게 저작권이 있을까요? 물론 저작물에 해당한다고 가정하고요. 이 문제의 답을 찾기 위해서는 프롬프트의 저작권에 관해 고민해 보아야 합니다. AI 산출물 제작을 위해 입력하는 개별적인 프롬프트도 저작권으로 보호될까요?

프롬프트 자체에 대한 저작권 보호 여부는 해당 프롬프트의 창작성 유무에 따라 달라질 수 있어요. 프롬프트를 AI 산출물에 대한 창작적 기여로 볼 수 있는지와 관련해서 본다면 프롬프트 입력 행위라는 표현만으로는 기여도를 인정하기 어려울 것입니다.[13]

생성형 AI가 만들어 낸 결과물이 학습에 사용된 원저작물과 비슷하면 저작권을 침해할 수 있어요. AI가 인터넷에 공개된 데이터를 수집하고 가공해 데이터를 만들 때 공개된 데이터를 수집해 무단으로 이용할 수 있기 때문이지요. 이때 침해자가 누구인지 등과 관련한 저작권 쟁점도 발생할 수 있고요.

따라서 생성형 AI 이용자는 원하는 AI 산출물을 만들어 내기 위해 입력하는 텍스트, 이미지, 오디오 등 데이터가 타인의 저작권을 침해하거나 침해를 유도하지 않도록 조심해야 합니다. 예를 들어 '뽀로로' 등 유명 캐릭터 디자인 시안을 유도하는 프롬프트를 입력한 뒤 생성된 이미지를 SNS에 업로드한다면 복제권, 공중송신권, 동일성유지권을 비롯한 저작권 침해 문제가 생길 수 있어요. 기존 가수의 곡을 AI가 학습한 다른 가수의 목소리로 재생성한 'AI 커버곡' 역시 기존 음악에 대한 복제가 있을 수 있어 저작권 등을 침해한다는 지적을 받을 수 있습니다.[14]

그러니 잊지 마세요! 생성형 AI를 이용한 작품에는 꼭 출처 표기를 해 주세요. 방송통신위원회에서도 생성형 AI를 활용해 얻은 결과물을 온라인에 업로드하거나 출판할 때는 '생성형 AI를 활용해 얻은 결과물'이라는 출처를 표기하도록 하고 있답니다.[15]

〈사례 ❸〉

한국저작권위원회에서 저작권 글짓기 대회를 개최했는데요. 챗지피티 등 AI를 활용해서 창작한 작품은 인정하지 않으며, 발견 시 심사, 당선에서 제외한다고 공지했어요.

여러분들은 한 번이라도 공모전에 참여해 봤을 거예요. 글짓기나 그림, 최근에는 영상을 만드는 공모전도 많죠. 위 공모전 사례에서 볼 수 있듯이 공모전에 응모할 때 챗지피티 등 생성형 AI를 사용하면 창작물로 인정하지 않는 경우가 있어서 주의해야 해요. 앞서 살펴본 앨런의 사례에서는 생성형 AI를 사용했지만 수상 취소까지는 안 되었는데요. 이젠 수상 취소 사유에 생성형 AI가 명시되다니 우리 주변에서 생성형 AI가 그만큼 많이 쓰이고 있다는 뜻이겠죠?

글짓기나 그림 그리기 대회는 프롬프트 경진 대회가 아니라 창작의 능력을 평가하는 공모전입니다. 물론 프롬프트를 잘 쓰는 능력도 인정할 필요가 있어요. 생성형 AI를 잘

써서 좋은 결과물을 만드는 능력을 평가하는 공모전이라면 모두가 생성형 AI를 쓰도록 하면 되겠죠? 그러니 생성형 AI를 사용할 때는 꼭 저작권 침해뿐만 아니라, 사용해도 되는지 확인해야만 합니다.

저작물에 해당하지 않는다면 이용 허락을 받지 않고 해당 산출물을 사용하더라도 저작권법 위반은 아닐 수 있을 거예요. 다만 〈사례 ②〉처럼 생성형 AI를 사용했다는 사실을 미리 알리지 않는 이상 일반 저작물인지 AI 산출물인지를 정확히 알 수는 없겠죠? 따라서 AI 산출물인지가 분명하지 않다면 저작물로 보고 접근하는 것이 좋아 보여요. 저작권법 위반은 아니지만 다른 법률을 위반할 우려도 있고요. 실제로 AI로 저작물을 만드는 과정에서의 창작성이 인정되어, 저작권법상 보호 받는 저작물로 인정한 사례도 있으니 꼭 참고하세요.

AI 창작물이 저작권을 인정받은 사례가 있나요?

최근 세계적으로 생성형 AI 관련 저작권 문제를 본격적으로 논의하고 있어요. 생성형 AI가 신기하기만 했는데 저작권 문제가 있다니 흥미롭죠? 우리나라는 물론 전 세계적으로도 이제 막 논의가 시작되었기에 아직 정답은 없어요. 여러분들이 정답을 만들어야 하는 세상이 되었네요. 앞서 AI 창작물은 저작권을 인정받을 수 없는 사례들을 보았는데요. 지금부터는 반대로 AI 창작물이 저작권을 인정받은 사례를 함께 살펴보아요.

페이린 사건

베이징의 로펌 페이린Feilin(원고)은 법률 데이터분석 프로그램을 활용해 작성한 보고서를 원고의 로펌 공식 웨이보(중국의 인터넷 포털 사이트)에 올렸어요. 중국의 또 다른 인터넷 포털 사이트 바이두(피고) 측에서는 바이두

의 온라인 플랫폼에 원고의 서명, 서론 등을 삭제한 보고
서를 올렸죠. 그러자 원고는 전송권, 성명표시권, 동일성
유지권 침해를 이유로 저작권 소송을 제기했어요. 법원
에서는 인간에 의한 창작은 저작권법상 저작물로 성립
하기 위한 필요조건이며, 해당 보고서의 경우 표현 등에
있어 원고의 창작적 기여를 인정할 수 있으므로 어문저
작물로서 원고에게 저작권이 있다고 보았어요. 결과적
으로 원고가 작성한 보고서에 대한 저작권(전송권, 성명표
시권, 동일성유지권) 침해가 인정되었습니다.[16]

드림라이터 사건

IT 기업 텐센트(원고)는 지능형 글쓰기 지원 프로그램
인 '드림라이터Dreamwriter'를 활용해 기사를 작성·공표했
어요. 그런데 상하이의 잉쉰(피고)에서 자사 인터넷 사이

트에 텐센트의 기사를 게시하자 원고는 저작권 침해 등을 주장하며 소송을 제기했어요. 법원에서는 원고가 '드림라이터'를 활용해 기사를 작성하는 과정에서 이루어지는 데이터 입력, 조건 설정, 템플릿 선택 행위 등에 창작성이 인정되므로 이는 어문저작물로서 원고에게 저작권이 있다고 보았어요. 결국 법원은 원고가 작성한 기사에 대한 저작권(전송권) 침해를 인정했지요.[17]

스테이블 디퓨전 사건

원고는 이미지 생성형 AI '스테이블 디퓨전Stable Diffusion'을 사용해 생성한 그림에 워터마크를 넣어 온라인 플랫폼에 올렸어요. 피고는 원고의 그림에서 워터마크를 삭제하고 본인의 SNS 계정에 올렸죠. 원고는 전송권, 성명표시권 침해를 이유로 저작권 침해 소송을 제기했어요.

법원은 원고가 해당 그림에 프롬프트 입력 및 매개변수 조정 등을 통해 미적 선택과 판단 등 개인적인 표현을 반영했으므로 창작성이 인정되며, 이는 미술저작물로서 원고에게 저작권이 있다고 보았어요. 결국 법원은 원고의 그림에 대한 저작권(전송권, 성명표시권) 침해를 인정했어요.[18]

Q 직접 생성한 AI 산출물은 자유롭게 이용
해도 무방한가요?

A AI 산출물이라 하더라도 저작권 침해나
약관 위반 등의 문제가 발생할 수 있으므
로 관련 내용에 유의해서 이용해야 해요.
AI 산출물이 기존의 저작물과 같거나 비
슷하다고 판단되면 저작권 침해의 문제가
발생할 수 있어요. 따라서 해당 산출물을
단순히 개인적으로 이용하는 것이 아니라
외부에 공표되는 방식으로 이용하려면 이
용자는 다른 사람의 저작권을 침해하지

않도록 유의해야 합니다.

또한 상당수 AI 사업자는 이용 약관을 통해 이용자별로 차등을 두어 AI 산출물의 이용 방식을 제한하고 있는데요. 해당 사항에 유의하지 않을 경우에는 약관 위반 등에 따른 책임을 질 수도 있어서 조심해야 해요.[19]

Copyright 1

Copyright 2

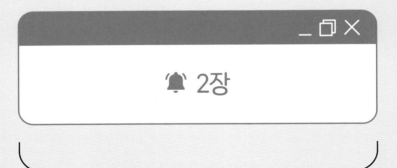

🔔 2장

🔔 무심코 표절을 한 십대에게

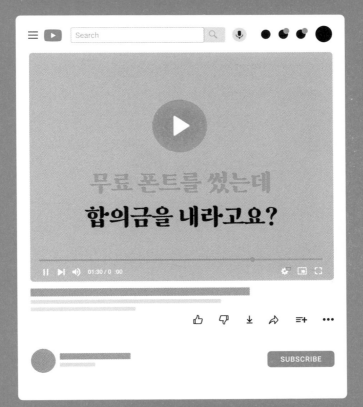

〈사례 ❹〉

A는 인터넷에서 무료 폰트를 다운받아 영상에 자막을 넣어 유튜브에 올렸어요. 폰트를 다운받을 때 약관에는 이렇게 쓰여 있었습니다.

제1조 [사용 권한]
㈜○○○가 제공하는 폰트는 비상업적 용도로 개인 사용자와 초·중·고등학교, 대학교에서 사용할 수 있습니다.

제2조 [사용 범위]
제1조에 따라 사용 권한을 얻은 사용자는 아래 각 호

의 범위에서 ㈜○○○의 폰트를 사용할 수 있습니다. 그 외 폰트를 PDF를 포함한 E-BOOK 등에 사용할 때는 별도의 사용권 계약을 체결해야 합니다

1. 비영리적인 일반 문서 (개인 문서 등)
2. 비영리적인 인쇄물(책, 잡지, 정기간행물, 브로셔, 현수막 등)
3. 비영리적인 웹디자인 (웹디자인, 이미지, 뉴스레터, 웹툰 등), 동영상

A는 유튜브에 개인적으로 영상을 만들어 올리는 것은 비상업적 용도라 생각해 별다른 생각 없이 해당 폰트를 사용했습니다. 그러던 어느 날 A에게 법무법인 명의의 '내용증명'이 도착했어요. 내용증명을 받은 A는 법무법인에 연락했습니다. 법무법인 측에서는 라이선스 비용으로 200만 원을 입금하면 민형사상 조치를 취하지 않겠다고 했어요. A는 폰트 저작권을 침해한 것일까요?

내 용 증 명

발 신 법무법인 ○○○

수 신 ○○○ 귀하

제 목 폰트 불법 사용으로 인한 저작권 침해 건

본 법무법인은 저작권사인 ㈜○○○로부터 저작권 관련 업무를 위임받아 본 공문을 발송합니다.

귀하는 ㈜○○○의 저작물인 ○○○폰트를 사용 허가 받지 않고 사용한 것으로 파악되었습니다(증거자료 첨부).

귀하가 ㈜○○○의 허락 없이 ○○○폰트를 사용한 행위는 저작권 침해 행위로써 저작권법에 따라 5년 이하의 징역, 5천만 원 이하의 벌금형에 처해질 수 있으며, 그 외 손해배상청구의 대상이 될 수 있습니다.

이 문서를 수신하기 전에 귀하가 ○○○폰트에 대한 라이선스를 구입했다면 그 사실을 증명하시고, 구매 이력이 없을 경우 본 내용증명 수령 후 빠른 시일 내에 당사에 연락하셔서 라이선스 비용을 지불하시기 바랍니다.

법무법인 ○ ○ ○

폰트는 뭐고, 폰트 프로그램은 또 뭐죠?

영상을 볼 때 자막을 함께 읽기도 하죠? 자막에 사용되는 글씨의 모양을 '서체' 또는 '폰트'라고 불러요. 동영상을 제작한 경험이 있다면 알 수도 있겠습니다. 제작 프로그램에서 제공하는 기본 폰트를 사용했을 테니까요. 전문적으로 영상을 만드는 크리에이터들은 자막에 예쁜 글씨를 넣곤 하죠. 자막에 들어가는 서체나 폰트를 쓸 수 있도록 하는 프로그램을 '폰트 프로그램'이라고 불러요. 그렇다면 폰트나 폰트 프로그램에도 저작권이 있을까요?

법원에서는 "서체 자체는 저작권법상 보호 대상이 되는 저작물이 아니다"라고 했어요. 그리고 "폰트 도안에는 일부 창작성이 포함되어 있으며, 문자의 실용성과 더불어 미적 감각을 불러일으킬 수 있다"라고 했습니다. 하지만 "이러한 미적 요소나 창작성이 문자의 본래 기능으로부터 분리·독립되어 감상의 대상으로 인정될 만큼 독자적인 존재로 보기는 어렵다"라고 판결했어요. 즉 서체 자체로는 저작권법상 보호의 대상인 저작물, 미술저작물로 인정하기는 어렵다고 한 것이죠.[20]

그렇지만 컴퓨터 등에서 글자를 나타내기 위해 글자체를 디지털화한 '글꼴 파일'은 컴퓨터 프로그램 저작물로서 저작권법상 보호 대상이 됩니다. 대법원은 "폰트 파일의 소스 코드는 컴퓨터 내에서 특정한 모양으로 이루어진 폰트의 윤곽선을 크기, 장평, 굵기, 기울기 등을 조절해 반복적이고 편리하게 출력하도록 특정한 결과를 얻기 위해 프로그래밍 언어의 일정인 포스트스크립트 언어로 제작된 표현물"이라고 보았어요. 그리고 "그 내용도 좌푯값과 좌푯값을 연결하는 일련의 지시, 명령으로 이루어져 있어서 컴퓨터 프로그램에 해당한다"라고 보았지요.[21]

폰트에도 저작권이 있어요?

폰트는 앞에서 살펴보았듯이 '폰트 프로그램 저작물'로 보호받아요. 그리고 유튜브 자막이나 카드 뉴스 등에 쓰이는 폰트도 이러한 폰트 프로그램 저작권으로 보호되지요. 즉 폰트의 서체 디자인 자체에는 저작권이 인정되지는 않지만, PC나 스마트폰에서 실행되는 폰트 프로그램에 저작권이 있어요. 여러분들이 스마트폰이나 PC에 설치하는 게임 프로그램들에도 저작권이 있다는 것을 알고 있었나요? 폰트 프로그램도 마찬가지예요.

정리하자면 폰트의 경우 폰트 프로그램을 다운받을 때 폰트 프로그램의 복제권을 침해하는 것이 돼요. 폰트 자체를 쓰는 것은 문제가 안 되지만, 폰트 프로그램을 다운받는 것은 저작권 침해라는 것입니다. 하지만 이미 누군가가 다운받은 폰트 프로그램 파일을 단순히 사용하는 것은 저작권 침해가 되기 어려울 수 있습니다.

무료 폰트는 조심해서 사용!

인터넷에서 손쉽게 '무료 폰트'를 찾아볼 수 있어요. '무료'라는 표현에 혹해서 누구나 어떠한 목적으로도 자유롭게 사용할 수 있다고 생각했죠? 그런데 자세히 살펴보면 무료로 쓸 수 있는 조건이 있어요. '사용 대상'과 '사용 목적'을 살펴야 합니다. 대체로 무료 폰트의 사용 대상은 '개인', 사용 목적은 '비영리'예요.

무료 폰트를 이용할 때 지켜야 할 약속을 살펴볼게요.

프로그램을 설치하거나 앱을 설치할 때 습관적으로 '동의'를 한 경험이 있을 거예요. 동의 전에 빼곡하게 적힌 글도 보았을 것이고요. 그것이 바로 그 프로그램이나 어플을 사용할 때 여러분들이 지켜야 할 약속입니다. 중요한 내용이죠. 전문 용어로 '약관'이라고 해요. 〈사례 ④〉의 약관을 다시 한번 살펴볼까요?

제1조 [사용 권한]
㈜○○○가 제공하는 폰트는 비상업적 용도로 개인 사용자와 초·중·고등학교, 대학교에서 사용할 수 있습니다.

약관에서 볼 수 있듯 무료 폰트의 사용 대상은 '개인', '초·중·고등학교, 대학교'이고 사용 목적은 '비상업적'이죠? 여러분들이 혹시 자막 작업을 해 봤다면 집이나 학교에서 많이 작업했을 것입니다. 이러한 경우엔 대체로 문제가 되지 않을 수도 있어요. 그러나 여러분이 이미 본격적으로 유튜버로 활동하고 있다면 어떨까요? 여러분의 유튜브 계정이 유명해지고 광고가 붙어서 수익이 나오기 시작하면 더 이상 비상업적 목적이 아닐 수 있어요. 그때부터는 상업적 목적이라고 볼 수도 있죠.

여러분이 광고 수익을 창출하는 전업 유튜버라고 가정해 볼게요. 남의 저작물을 함부로 가져다 쓰면 원칙적으로 형사처벌을 받는다고 했죠? 폰트 프로그램도 마찬가지예요. 무료 폰트의 경우 무료 사용 조건을 위반하면 어떻게 될까요? 대법원 판결을 살펴봅시다.

복제를 허락받은 사용자가 저작재산권자와 계약으로 정한 프로그램의 사용 방법이나 조건을 위반했다고 하더라도, 위 사용자가 계약 위반에 따른 채무불이행책임을 지는 것은 별론으로 하고 저작재산권자의 복제권을 침해했다고 볼 수는 없다.[22]

대법원에서 무료 폰트 프로그램을 사용할 때 사용 목적 등을 위반했다고 해도 형사처벌을 할 필요성은 없다고 보았네요. 그렇지만 안심하기는 일러요. 저작권 위반은 아니지만 무료로 사용할 때 지켜야 할 약속을 어긴 것을 문제 삼을 수도 있어요. 민사소송이 진행되면 경우에 따라서는 예컨대 영리적으로 이용할 때 내야 하는 돈을 내야 할 수도 있어요.

'PDF'가 무엇일까요? PDF는 학원 교재나 자료를 PC나 스마트폰 화면에서 원본 그대로 볼 수 있는 기술 형식이에요. 줄여서 '피뎁'이라고도 불러요. 학원 교재 등을 공유하는 카카오톡 단체방을 '피뎁방'이라고 부르기도 하죠. 이러한 PDF 파일을 사용·제작할 때도 저작권 문제가 발생합니다. 무료 폰트가 사용된 남이 만든 PDF를 다운받거나 공유할 때는 크게 문제가 없어요. 그런데 직접 문서 작업을 해서 PDF를 만들 때 예쁜 폰트를 사용하는 경우가 있죠? 그때 무료 폰트를 사용하는 경우가 있는데, 더더욱 조심해야 해요.

제2조 [사용 범위]

제1조에 따라 사용 권한을 얻은 사용자는 아래 각 호의 범위에서 ㈜○○○의 폰트를 사용할 수 있습니다. 그 외 폰트를 PDF를 포함한 E-BOOK 등에 사용할 때는 별도의 사용권 계약을 체결해야 합니다.

1. 비영리적인 일반 문서(개인 문서 등)

2. 비영리적인 인쇄물(책, 잡지, 정기간행물, 브로셔, 현수

막 등)

3. 비영리적인 웹디자인(웹디자인, 이미지, 뉴스레터, 웹툰
   등), 동영상

아까 무료 폰트를 이용할 때 지켜야 할 약속을 어기
면 문제가 생길 수도 있다고 했죠? 〈사례 ④〉의 약관에
서도 볼 수 있듯 폰트 프로그램의 약관에서는 E-BOOK
에 PDF도 포함된다고 이야기해요. 그런데 약관에 PDF
나 E-BOOK은 무료 사용 범위에 없죠? 따라서 예쁜 폰
트를 무료로 사용했을 때 PDF로 만들어서 친구들에게
공유한다면 위 약관을 어기게 되는 것입니다. 쉽게 말해
PDF를 만들 때 무료 폰트를 사용하려 해도 폰트를 무료
로 쓸 수 없다는 거예요. 돈을 내야 한다는 것이죠.

부당해 보인다고요? 실제로 저작권 전문가들도 PDF
를 변환하는 것까지 돈을 내게 하는 것은 부당하다고 생
각하고 있어요. 그렇지만 부당한 약속이라도 법원에서
효력이 없다고 할 때까지 약속을 지키는 것이 안전해요.
PDF 변환할 때 꼭 주의하세요. 다음에 함께 볼 글은 PDF
변환에 돈을 받으면 안 된다는 전문가의 의견이니 참고
하시고요.

PDF 문서는 컴퓨터 프로그램인 글자체가 사용된 산출물에 불과하고, 폰트내장형 PDF 문서에 폰트 파일이 일부 복제되어 있다고 하더라도 그 문서를 인터넷에 게시하는 것이 저작권법상 의미 있는 이용행위로서 저작권 침해라고 보기는 어렵다. PDF 문서에 폰트가 복제되거나 인터넷에 문서를 게시함으로써 간접적으로 전송이 일어날 수 있다고 하더라도 이는 공정이용으로서 허용된다고 보는 것이 타당하며, 계약에 명시되어 있다고 하더라도 약관규제법에 의해 그 효력이 부정된다고 보아야 할 것으로 생각된다. 폰트 파일의 이용 허락 계약에서 산출물의 이용 가능 범위까지 지정하는 것은 저작권법으로 보호받기 어려울 것이다.[23]

진짜 '무료' 폰트가 있다?

이렇게나 지켜야 할 게 많으니 예쁜 폰트를 못 쓰겠다고요? 그래도 무료 폰트를 쓸 방법은 있어요! 서울시 같은 지방자치단체에서 보급하는 '서울서체' 등 사용 대상이나 목적에 어떠한 제한도 없는 폰트들이 있거든요. '네이버 나눔 글꼴'이나 '배달의민족 글꼴'처럼 기업에서 기부하는 폰트도 있죠. 예쁜 폰트로 자막이나 문서를 꾸밀 때는 이런 폰트들을 추천해요. 최근에는 '미리캔버스' 같은 곳에서 예쁜 디자인의 창작물을 만들 수 있는데, 이런 곳에서 제공하는 폰트는 자유롭게 사용할 수 있기도 해요. 또한 '눈누' 같은 폰트 서비스 플랫폼의 유료 플랜을 구독해 저작권 문제없이 이용하는 방법도 있습니다.

A와 B는 저작권을 침해한 것일까요?

〈사례 ❺〉

영화 리뷰어인 A는 영화의 영상을 인용해 유튜브에 영화 리뷰 콘텐츠를 올리고 있습니다. A는 영상의 속도를 높여 짧은 시간 동안 많은 영상을 담을 수 있도록 편집했어요. A의 유튜브를 보면 10분 만에 영화의 결말까지 다 알 수 있었기에 굳이 영화관에 가서 영화를 볼 필요가 없을 정도였어요.

영화 리뷰어인 B 역시 영화의 영상을 인용해 유튜브에 영화 리뷰 콘텐츠를 올리고 있어요. B는 A와 달리 영화배급사에서 사전에 배포한 클립 영상, 홍보 영상 및 포스터 등만을 이용했죠. B는 영상에 해당 영화에 대해 평가하고 해석하는 내용만 담았습니다. 그리고 영화의 결말을 알리지 않았습니다. 과연 A, B는 해당 영화 원저작권자의 저작권을 침해했다고 볼 수 있을까요?

리뷰도 2차적저작물

〈사례 ⑤〉의 A가 만드는 콘텐츠처럼 유튜브에서는 영화나 드라마를 10분으로 요약해 보여 주는 리뷰 콘텐츠를 많이 만나 볼 수 있습니다. 이러한 리뷰 콘텐츠만 보아도 영화 줄거리와 결말을 모두 알 수 있으니 굳이 영화관까지 가서 영화를 볼 필요가 없을 정도죠.

영화가 저작권법 제4조 제1항 제7호의 영상저작물로 보호되는 저작물이라고 한다면, 이러한 리뷰 콘텐츠는 저작권법 제5조 제1항의 2차적저작물이라 할 수 있습니다. 2차적저작물도 독자적인 저작물로서 보호되지요. 그렇지만 2차적저작물이 원저작물 저작권자의 허락을 받지 않고 만든 것이라면 저작권법 위반이 될 수 있어요.

2007년, SBS의 한 오락 프로그램에서 저작권자의 허락 없이 영화 〈대괴수 용가리〉의 일부 장면을 약 3분간 방영했어요. 연기자 이순재가 영화에 출연했는지 확인하는 내용의 방송이었죠. 영화의 저작권자는 자신의 저작재산권이 침해당했다며 SBS를 상대로 1억 1000만 원을 손해배상금으로 지급하라는 소송을 걸었어요.

SBS는 소송에서 시청자들에게 정보와 재미를 주기 위한 목적으로 영화를 일부 인용했으므로 저작권법 제28조에 따른 '공정이용'이라고 주장했어요. 공정이용이란, 간단히 말하자면 특정한 목적에 한해 정당하게 필요한 범위 안에서 예외적으로 저작물을 사용할 수 있도록 하는 것입니다. 즉 영화를 인용할 때 법에서 허용하는 범위 내에서 이용한 것이니 저작권법 위반이 아니라고 한 것이지요.

이에 대해 법원은 위 방송이 인터넷을 통해 유료로 위 방송 영상을 판매하는 등 상업적이고 영리적인 방송이었다는 점, 피고 SBS가 원고 저작권자로부터 이 사건 영화의 인용에 대한 동의를 받는 것이 어렵지 않았다는 점 등을 고려해 볼 때 공정이용이라고 보기는 어렵다고 판단했어요. 영리적 목적을 위한 이용이라면 비영리적 목적을 위한 이용인 경우보다 허용되는 범위가 상당히 좁아진다고도 했지요.[24]

결국 피고 방송사와 담당 프로듀서는 손해배상을 하게 되었는데요. 손해배상 액수는 원고가 청구한 액수 그대로 인정되지는 않았어요. 피고가 영상 자료의 사용료로 기본 30초당 60만 원, 추가 10초당 10만 원을 책정하고 있는 점, 피고가 원고의 항의를 받자 이 사건 프로그램의 방송을 중단한 점 등을 고려해 각자 손해배상금 300만 원을 원고에게 지급했습니다.[25]

일본에서는 어떤 크리에이터가 13개 영화사의 영화 54편을 영화사나 배급사의 허락 없이 무단으로 편집해 '패스트 무비(10분 리뷰)'를 제작해 유튜브에 올려 700만 엔(한화 약 7000만 원)의 광고 수익을 얻었어요. 도쿄지방재판소는 크리에이터에게 5억 엔(한화 약 48억 원)의 손해를 배상하라는 판결을 내렸답니다. 재판소는 크리에이터가 패스트 무비를 통해 올린 광고 수익은 약 700만 엔인 반면, 영화사 등은 20억 엔이 넘는 손해를 본 것으로 판단했어요. 크리에이터는 이와 별개로 저작권법 위반

혐의로 유죄판결을 받아 징역 11개월을 집행유예하는 형사처벌을 받기도 했지요.[26] 〈사례 ⑤〉의 A와 유사한 사례지요?

일본의 사례지만, 우리나라에서도 〈사례 ⑤〉의 A에 대해 저작권법을 위반했다고 판단할 가능성이 높아요. 그리고 저작권법을 위반할 경우 저작권자에 대해 손해배상금을 지급해야 함은 물론이고, 형사처벌도 받을 수 있습니다.

저작물 변형도 저작권 침해

진행 속도를 빠르게 하거나, 화면에 반전 효과를 넣어서 영화 등의 영상을 올리는 크리에이터들이 많지요? 그런데 이렇게 하는 것도 저작권 침해라고 볼 수 있습니다. 저작권법 제13조인 '동일성유지권'에 따르면 저작자가 그의 저작물의 내용·형식 및 제호의 동일성을 유지할 권리를 가진다고 하고 있어요. 저작자가 만든 작품이 마음대로 변형되거나 훼손되지 않도록 해야 한다는 것이지요. 따라서 원저작권자의 허락을 받지 않고 영상을 변형해서 올리면 동일성유지권을 침해하는 것이 될 수 있어요.

기준 확인은 필수

원저작권자인 영화배급사 등의 허락을 받지 않고 만든 모든 영화 리뷰 콘텐츠가 저작권법에 위반되는 것은 아니에요. 만약에 세상에 알려진 저작물을 보도·비평·교육·연구 등 연구 등 목적으로 정당한 범위 내에서 공정하게 인용한다거나(저작권법 제28조), 저작물의 원래 이용 방식에 어긋나지 않고 저작권자의 정당한 이익을 부당하게 침해하지 않아서 공정이용으로 인정되는 경우(저작권법 제35조의5)에는 저작권법 위반이 아닐 수 있어요.

〈사례 ⑤〉의 B는 공표된 저작물을 비평을 위해 정당한 범위 안에서 공정하게 인용한 것으로 보이는 면이 있어요. 원저작물인 영화가 이용된 부분이 저작물 전체에서 차지하는 비중이나 중요성이 부수적이고, 영화를 홍보해 주는 효과도 있다는 점, 결말을 타인에게 공개하지 않는다는 점에서 원저작물의 현재 시장 또는 가치나 잠재적인 시장 또는 가치에 부정적인 영향을 미친다고 보기 어렵죠. 〈사례 ⑤〉에서 A는 저작권법 위반, B는 저작권법 위반이 아닌 것으로 평가될 가능성이 높습니다.

이러한 평가를 하기 위해서는 저작물을 공개할 공간의 저작권 기준을 확인해야 해요. 최근 영상은 유튜브에 많이 업로드되곤 합니다. 그러니 유튜브 내에서의 저작권 위반 정책도 함께 살펴볼까요? 유튜브 고객센터는 "크리에이터는 자신이 제작했거나 사용 승인을 받은 동영상만 업로드"하는 것을 원칙으로 하고 있어요. 즉 "자신이 제작하지 않은 동영상을 업로드하거나 다른 사람이 저작권을 소유한 콘텐츠(예: 음악 트랙, 저작권이 보호되는 프로그램의 일부, 다른 사용자가 만든 동영상)"를 승인 없이 동영상에 사용하면 안 된다는 것이죠. 만일 다른 사람의 승인 없이 영상을 인용해 콘텐츠를 만들어 배포할 경우 해당 콘텐츠는 삭제될 수 있고, 저작권 위반 경고를 받아 저작권 학교를 수료해야 할 수 있습니다. 저작권 위반 경고를 90일 이내에 3번 받는 경우 해당 사용자의 계정 및 계정과 연결된 채널이 해지될 수 있어요.[27]

결국 패스트 무비 같은 2차적저작물을 만들기 위해서는 영화의 저작권자로부터 허락을 받아야 할 텐데요. 영화의 저작권자는 누구일까요? 영화는 많은 사람이 참여해서 만드는 '종합 예술 작품'입니다. 영화를 만들려면 시나리오 작가, 촬영 감독, 미술 감독, 음악 감독, 영화 배우 등이 필요해요. 영화를 제작하는 제작사도 있지요. 이들이 모두 저작권자일까요? 만약에 영화와 관련된 모든 사람이 모두 저작권자로서 권리를 행사할 수 있다면 영화를 상영하고 판매하기가 무척 어려워질 거예요. 권리자 모두의 허락을 받아야 하니까요.

　저작권법 제100조에서는 영상제작자와 영상저작물의 제작에 협력할 것을 약정한 사람이 영상저작물에 대해 저작권을 취득한 경우 특약이 없으면 영상저작물의 이용을 위해 필요한 권리는 영상제작자가 양도받은 것으로 추정한다고 규정하고 있어요. 영화 같은 영상저작물의 경우 원칙적으로 영상제작자가 영상저작물의 이용에 필요한 권리를 행사할 수 있도록 한 거예요.

　예를 들어 드라마 〈오징어게임〉을 연출한 황동혁 감독

은 위 저작권법 조항 때문에 〈오징어게임〉의 권리와 수익을 받을 수 없었다고 해요. 〈오징어게임〉이 그야말로 대박이 났지만 수익이 창작자가 아닌 제작사인 넷플릭스에게 돌아간 것이지요. 그로 인해 프랑스처럼 창작자들에게 공정한 보상을 하도록 저작권법을 개선하는 것이 필요하다는 목소리도 나왔었어요.[28]

다만, 같은 조 제2항에서는 영상제작물의 제작에 사용되는 소설·각본·미술저작물 또는 음악저작물 등의 저작재산권은 위 규정으로 인한 영향을 받지 않는다고 정하고 있어요. 즉 영화 속에 나오는 음악이나 시나리오 등을 개별저작물로 이용해야 하는 상황에서는 음악 감독이나 시나리오 작가 등이 저작권자가 될 수 있어요.

뉴스 기사에도 저작권이 있나요?

〈사례 ❻〉

크리에이터 C는 언론사의 허락을 받지 않고 인터넷 뉴스 기사를 넣은 영상을 SNS에 올렸습니다. 영상에 출처는 표기했지요. 이것은 뉴스를 제작한 언론사의 저작권을 침해 뉴스 기사에는 일기 예보, 주식 시세처럼 사실을 전달하는 것에 불과한 시사보도성 기사가 있고, 기자가 나름대로 생각이나 감정을 드러낸 기사, 칼럼니스트가 자신의 생각을 작성한 칼럼 등 다양한 종류가 있어요.

그렇다면 이 모든 뉴스 기사가 저작권법에 따라 보호받는 저작물일까요? 아닙니다. 저작권법에서는 사실의 전달에 불과한 시사보도는 보호받지 못하는 저작물이므로 자유롭게 이용할 수 있다고 해요(저작권법 제7조 제5호).

그렇지만 기자 또는 필자의 창작성이 들어가는 기사나 칼럼 등은 저작권법상 보호되는 저작물이라 할 수 있어요. 뉴스 기사는 어문저작물, 보도 사진은 사진저작물, 영상으로 제작하고 보도한 뉴스는 영상저작물로 보호되지요.

앞서 뉴스 기사를 자유롭게 사용할 수 있다고 했는데, 뉴스 기사가 어문저작물로 보호된다고 하니 어렵죠? 정리하자면 '사실의 전달' 자체는 자유롭게 이용할 수 있지만, 뉴스를 그대로 베끼거나 기사의 창작적인 부분을 무단으로 사용하면 저작권 침해입니다. 가령 "오늘 오후

11시, ○○군에서 지진이 발생했다"라는 사실은 저작권법으로 보호받을 수 없지만, "침대가 좌우로 흔들흔들, 전등갓은 원을 그리며 돌아갑니다. 오늘 오후 11시에 제보받은 ○○군의 한 가정집 내부 영상입니다. 지진은 순식간에 ○○군을 뒤흔들었습니다. 다행히 인명피해는 없었지만, 많은 주민의 가슴이 철렁 내려앉았습니다."라는 기자의 창작적 표현이 들어간 뉴스 기사는 저작권법에 따라 보호받는다는 것이죠. 즉 뉴스 기사를 해당 언론사의 허락 없이 가져다 쓰면 저작권법 위반이 될 수 있습니다.

뉴스 기사의 저작권자는 누구인가요?

　뉴스 기사는 '업무상저작물'에 해당해요(저작권법 제9조). 기사가 언론사의 명의로 공표하는 저작물이므로 저작자는 기자 개인이 아닌 언론사가 된답니다. 따라서 원칙적으로 언론사의 허락을 구해야 합니다. 그렇다면 언론사 허락 없이 뉴스 기사를 인용해 영상을 만들면 어떻게 될까요?

　많은 크리에이터가 〈사례 ⑥〉의 C처럼 허락 없이 뉴스 기사를 넣어 영상 콘텐츠를 만듭니다. 그러나 해당 뉴스 기사가 '사실 전달에 불과한 시사 보도'가 아니라면, 해당 뉴스를 만든 언론사의 허락을 받지 않는 경우 저작권을 침해하는 것이 될 수 있어요. 만약 해당 언론사가 문제 삼는다면 그에 따른 민형사상 책임을 질 수 있지요. 〈사례 ⑥〉의 C 역시 저작권법을 위반한 것이 될 수 있어요.

출처만 표기하면 괜찮나요?

출처를 표기하면 저작권법 위반이 되지 않는다고 생각하는 크리에이터들이 생각보다 많아요. 실제로 뉴스 기사나 영상을 인용하면서 출처만 표기하는 경우가 많지요. 그렇지만 출처를 표기했다 하더라도 언론사의 허락을 받지 않았다면 저작권법 위반이 될 수 있어요. 참고로 저작권법에 따르면 저작물의 이용 허락을 받았더라도 저작물을 이용하는 사람은 그 출처를 명시해야 한답니다(저작권법 제37조).

| 상업적인 목적으로 만든 영상이 아닌데요?

공익적이거나 비영리적인 목적으로 만든 영상이라 하더라도 뉴스 기사를 사용할 때는 반드시 해당 언론사의 허락을 받아야 해요. 비영리적인 성격의 게시물인 경우 이용된 부분이 저작물 전체에서 차지하는 비중이 적고 저작물의 이용이 그 저작물의 현재 시장 또는 가치나 잠재적인 시장 또는 가치에 미치는 영향이 미미한 경우 공정이용의 요건을 충족해서 저작권법 위반이 되지 않을 가능성은 있어요. 〈사례 ⑤〉의 B 같은 경우를 말하죠. 하지만 공정이용을 인정받기란 쉽지 않습니다.

| 뉴스 기사나 영상을 쓰고 싶다면

초·중·고등학교 등 공공교육기관에서 수업 목적으로 뉴스 기사를 사용하는 경우, 해당 뉴스 기사의 링크만 제공하는 경우, 공정이용으로 인정되는 경우 등에는 허락이 없더라도 이용할 수 있어요. 하지만 영상을 만들면서 뉴스 기사 혹은 영상이 필요한 경우도 있을 텐데요.

어떻게 하면 뉴스 기사 영상을 넣어 콘텐츠를 만들 수 있을까요? 언론사 허락을 구하는 방법을 함께 살펴봅시다.

만약 언론사의 허락을 받아 뉴스 기사를 인용하고 싶다면, '한국언론재단'을 통해 뉴스저작권 이용 신청을 할 수 있어요. 한국언론재단에서는 뉴스저작권 합법 이용 플랫폼인 '뉴스토어'를 운영하고 있습니다. 뉴스토어를 통해 기사에 대한 저작권료를 지불하고 합법적으로 이용할 수 있지요. 내가 만드는 콘텐츠에 뉴스 기사가 꼭 들어가야 한다면 뉴스토어를 이용해서 뉴스저작권을 합법적으로 이용해 보세요.

뉴스토어
newstore.or.kr

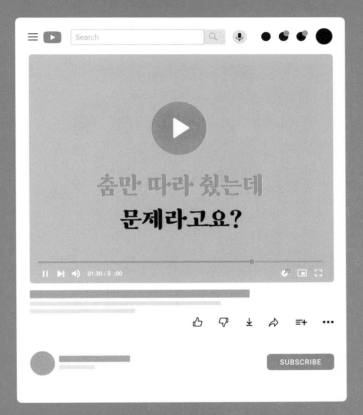

A와 B는 저작권을 침해한 것일까요?
A
[고화질] K-POP 커버
조회수
수익
인기도 얻고,
돈도 벌고!
정말 좋아~
B
여러분,
이 춤은 따라 하기 쉬워서
유행인 듯해요!

〈사례 ❼〉

A는 아이돌을 꿈꾸는 10대로, 자신의 SNS 채널을 운영하고 있어요. A는 자신의 채널을 홍보하고 광고비도 벌기 위해 전문 스튜디오에서 인기 있는 K-POP 노래를 처음부터 끝까지 따라 부르는 영상을 찍고, 자신의 SNS에 올렸어요. 해당 영상이 인기를 얻어 A의 영상에는 광고가 들어갔고, A는 광고비까지 벌게 되었지요.

초등학생 B는 최근 유행하는 K-POP 안무를 따라 추는 영상을 30초 분량의 쇼츠로 만들어 자신의 SNS에 게시했어요. B의 영상은 B가 집에서 찍은 영상으로 화질이 좋지 못했고, B의 춤 역시 어설펐어요. 배경음악 없이 직접 노래도 불렀는데, 춤을 추며 부르다 보니 멜로디도 제대로 맞지 않았어요. 실제로 그 노래가 맞는지 알 수 있는 부분은 10초에 불과했지요. B는 해당 영상을 올리며, 해당 안무가 왜 유행인지 알겠다는 나름의 비평도 함께 올렸어요. A와 B는 저작권법을 위반한 것일까요?

│ 직접 노래를 불렀는데도 불법인가요?

저작권법 제4조 제1항 제2호에서는 음악저작물을 저작권이 있는 저작물로 인정하고 있어요. K-POP 노래는 음악저작물로서 저작권법상 보호를 받는 저작물이죠. 따라서 내가 직접 노래를 불러 영상으로 촬영해 SNS에 올리고 싶다면 원저작물 저작권자의 이용 허락을 받아야 합니다.

원칙적으로 음악저작물을 이용하려면 작곡, 작사, 편곡한 저작권자뿐만 아니라 가수나 연주자 등 실연자, 기획사와 같은 음반 제작자 등 저작인접권자 모두에게 이용 허락을 받아야 해요. 다만 내가 직접 노래를 부를 때에는 실연자나 음반 제작자 등이 개입하지 않으므로 저작권자의 허락을 받으면 되는 것이지요.

즉 A가 K-POP 노래를 커버해 영상을 올리려면 원저작권자의 이용 허락을 받아야 합니다. 허락을 받지 않고 올리면 저작권법 위반이 될 수 있어요.

안무에도 저작권이 있나요?

저작권법 제4조 제1항 제3호에서는 "연극 및 무용 무언극 그 밖의 연극저작물"도 저작권이 있는 저작물로 인정하고 있어요. 즉 안무에도 저작권이 있답니다. 안무를 창작한 안무가의 이용 허락을 받지 않고 해당 안무로 춤을 추는 영상을 올린다면 안무 저작권 침해라고 볼 수 있어요.

저작권자에게는 어떻게 허락을 받을 수 있을까요? 우선 저작권자에게 직접 연락해서 이용 허락을 받는 방법이 있습니다. 허락을 받을 때는 명시적으로 문서를 통해 받으시는 것이 좋습니다. 혹은 저작권위탁관리업자를 통해 이용 허락을 받을 수 있습니다. 마지막으로는 협회를 통해서 요청해도 좋아요. 한국음악저작권협회, 한국방송실연자권리협회, 한국영화제작가협회 같은 저작권

신탁관리업자에게 맡겨진 저작물은 저작권신탁관리업자의 허락을 받을 수 있습니다.

권리자가 누구인지 모르겠다면 어떻게 이용 허락을 받을 수 있을까요? 이러한 상황에는 한국저작권위원회의 저작권 비즈니스 지원센터에서 음악저작물 이용에 필요한 관리 정보를 확인할 수 있어요.

한국저작권위원회의 저작권 비즈니스 지원센터
findcopyright.or.kr

영리적이거나, 비영리적이거나

어떤 학원에서 K-POP 안무를 댄스 강습에 이용한 사례가 있어요. 학원 강사와 수강생들이 해당 안무로 춤을 추는 장면을 영상으로 촬영해서 온라인에 공개한 것이 저작권법 위반으로 인정되었죠.[29]

학원에서는 해당 저작물을 교육 목적으로 이용한 것이고, 해당 안무의 수요를 오히려 늘려 주는 것이므로 저작권법 제28조에 따라 정당한 범위 안에서 공정하게 인용한 것이라고 주장했어요. 그러나 법원은 학원에서 이용한 것이므로 그 인용의 주된 목적이 상업적·영리적이라고 보았어요. 안무 전체를 이용했다는 점과 안무 강습 동영상 게시가 원저작권자의 안무 강습에 대한 현실적 잠재적 수요를 대체할 수 있다는 점에서 저작권법 제28조에 의한 인용에 해당하지 않는다고 보았어요. 이와 비슷하면서도 반대되는 사례도 있습니다.

어떤 아버지는 다섯 살 딸이 가수 손담비의 〈미쳤어〉라는 노래를 부르면서 춤을 추는 모습이 귀여워 촬영했어요. 자신의 블로그에 53초가량의 영상을 올렸죠. 나름의 대중문화에 대한 비판적인 의견도 함께 올렸지요. 이에 대해 한국음악저작권협회에서는 음악저작권을 침해했다며 해당 영상의 전송, 복제 중단 조치를 요구했어요.

그런데 법원에서는 안무 교습 영상 사례와는 달리 이 동영상이 저작권을 침해하지 않았다고 보았어요. 이 사례의 아버지는 단지 어린 딸이 춤을 추고 노래하는 것이 귀여워서 자신의 블로그를 통해 공유한 것일 뿐 영리 목적이 없는 점, 53초 분량 중 이 노래를 식별할 수 있는 분량도 15초에 불과한 점, 아이가 음정, 박자, 화음도 원저작물과 다르게 부르고 있는 등 상업적으로 포장되었다고 보기 어려운 점, 해당 영상이 원저작물의 시장가치에 악영향을 미치거나 시장수요를 대체할 정도에 이른다고 볼 여지가 없다는 점을 종합해 저작권법 제28조에 따라 정당한 범위 안에서 공정한 관행에 합치되게 인용한 것이라고 보았어요.[30]

저작권법 위반 여부는 상업적 목적이 있는지, 원저작권자의 시장수요를 대체할 수 있는지에 따라 큰 차이가 있어요. 결국 안무 교습 영상 사례는 저작권 침해, 〈미쳤어〉 사례는 저작권 침해가 아니라는 결과로 이어졌지요.

영상을 업로드할 땐 정책 확인!

〈사례 ⑦〉의 A의 경우 해당 영상으로 수익을 창출하기 위해 전문적인 스튜디오에서 K-POP 노래 전체를 커버하는 영상을 찍어 자신의 채널에 올렸어요. 이 경우 영리적인 목적이 있었다는 점, 노래의 전체를 이용한 점, 원저작권자의 수요를 대체할 수 있다는 점에서 저작권 침해로 평가될 가능성이 높아요.

B의 경우 해당 안무를 따라 하는 영상을 통해 대중문화에 대한 비평적인 의견을 밝히고자 한 것이지 영리적인 목적이 없었다는 점, 안무의 극히 일부만을 따라 한 점, 원저작권자의 수요를 대체하기 어려워 보이는 점에서 공정하고 정당한 관행에 합치되게 인용한 것으로 인정될 가능성이 높아 보여요.

〈사례 ⑦〉처럼 영상을 업로드할 때는 업로드하는 사이트의 정책도 살펴보아야 해요. 많은 청소년이 '유튜브'를 많이 이용한다고 하죠? 그렇다면 유튜브의 음악 저작권 정책을 알아볼까요?

유튜브에서는 저작권자가 요청하면 콘텐츠 삭제 요청을 할 수 있어요. 또한 이와는 별도로 'Content ID 제도'라는 것을 운영하고 있는데요. 만일 저작권자가 저작물을 등록해 둔 경우 저작권자의 저작권 침해 소지가 있는 콘텐츠가 업로드되면 저작권자가 유튜브를 통해 (1)콘텐츠 시청 차단 (2)업로더의 수익을 저작권자와 공유 (3)콘텐츠 시청률 통계 추적 등을 할 수 있어요. 물론 이는 유튜브의 제도일 뿐 이 제도를 이용한다고 해서 저작권법 위반 문제가 아예 발생하지 않는 것은 아니니 주의가 필요합니다.

〈사례 ❽〉

제 SNS에 친구들의 사진을 올렸어요. 그중 한 친구가 사진
에 자신의 얼굴이 나왔다고 함부로 쓰지 말라면서 사진을
내려달라고 하네요. 제가 찍은 것이니 제가 저작권자인데,
내려 주어야 할까요?

저작권은 저작물을 창작한 사람에게 부여되는 권리에
요. 내가 다른 사람의 얼굴이 나오는 영상이나 사진을 찍
었고, 창작성이 인정이 되어 저작물에 해당하면 그 영상
이나 사진의 저작권자는 내가 되는 것이죠. 저작권은 저
작권법에 따라 보호되는 권리입니다. 저작권을 침해하
는 경우 저작권법에 따라 형사처벌을 받을 수 있고, 저작
권 침해로 인해 손해를 입었을 경우 민사상 손해배상청
구를 할 수 있어요.

그런데 영상이나 사진에 출연하는 사람에게는 어떤
권리가 있을까요? '초상권'이라는 권리를 들어 봤을 거예
요. 초상권은 쉽게 말해 자신의 얼굴에 대한 권리, 얼굴
주인에게 인정되는 권리예요. 조금 더 자세히 설명하면

자신의 얼굴 등 개인이 식별될 수 있는 신체적인 특징에 대해 함부로 남이 촬영해 누구나 볼 수 있는 곳에 공개되는 것을 막을 수 있도록 하는 권리죠. 초상권은 문서로 갖추어진 법적 규정이 없어요. 다만 우리 헌법에서는 모든 국민은 인간으로서의 존엄과 가치를 가지며, 행복을 추구할 권리를 가진다고 하고 있어요. 이러한 헌법상 인격권을 바탕으로 해서 초상권을 인정하고 있죠. 또한 초상권이 침해되었을 때는 고의 또는 과실로 인한 위법 행위에 대해 손해배상책임을 지도록 하는 '민법 제750조'를 근거로 손해배상청구를 할 수 있습니다.

> 민법 제750조(불법행위의 내용)
> 고의 또는 과실로 인한 위법행위로 타인에게 손해를 가한 자는 그 손해를 배상할 책임이 있다.

저작권과 초상권의 충돌

〈사례 ⑧〉이 바로 저작권과 초상권이 충돌하는 대표적인 사례예요. 두 권리가 각각 다른 사람에게 인정되기 때문에 서로의 생각이 다르면 두 권리가 충돌하게 되겠죠? 자, 다음 사례를 가지고 한번 더 생각해 볼게요.

몇 년 전 코로나19가 유행할 때 온라인 수업을 들었죠? 그런데 온라인 수업 중 선생님, 친구들을 촬영한 사진, 영상을 동의 없이 인터넷을 통해 배포하면 선생님이나 친구들의 초상권을 침해하는 것이 될까요?

정답은 '초상권을 침해하는 행위'라고 볼 수 있어요. 간단히 설명하면 초상권은 저작권법처럼 별도의 법률을 통해 보호되는 권리는 아니지만, 얼굴 주인인 초상권자의 동의를 받지 않고 촬영해서 온라인 게시판 등에 초상권자의 얼굴을 올리면 초상권자의 초상권을 침해하는 행위가 된다는 거예요. 본인이 영상이나 사진의 저작권자라 하더라도 다른 사람의 초상권을 침해한 행위에 대해서는 책임을 져야 해요.

물론 예외도 있어요. 초상권 보호보다 공익적인 가치가 큰 경우예요. 예컨대 사회적으로 중요한 사건을 보도하는 기자가 해당 사건 보도에 필요한 범위에서 얼굴을 함께 내보내는 경우가 그렇겠죠? 그러나 신문이나 뉴스에서도 얼굴이 꼭 필요한 경우가 아니라면 초상권을 보호하기 위해 모자이크 처리를 하기도 해요.

저작권과 초상권이 충돌할 때 예외에 해당하는 경우가 아니라면 저작물 중 얼굴 주인에 대한 부분에 대해서는 초상권이 인정되는 사람, 즉 얼굴 주인의 권리인 초상권이 '우선'한다고 보면 돼요.

〈사례 ⑧〉에서는 사진을 내려달라고 한 친구의 얼굴을 편집기 프로그램이나 스마트폰의 AI 기능으로 지우고 영상이나 사진을 다시 올리는 것이 좋겠어요. 기술적으로 어렵다면 영상이나 사진 전체를 내려야겠죠?

남의 얼굴을 쓸 때도 허락받기!

〈사례 ⑧〉 같은 상황이 발생하지 않으려면 영상이나 사진을 촬영하기 전에 어떤 준비를 해야 할까요? 다른 사람의 저작물을 이용할 때 원칙적으로 허락을 받는 것처럼 저작물을 만들 때 다른 사람의 얼굴을 이용하려면 마찬가지로 그 사람으로부터 허락을 받아야 해요. 〈사례 ⑧〉처럼 영상이나 사진에 여러 명의 사람이 나오는 경우라면 한 명도 빠짐없이 동의를 받아야겠죠? 나중에 문제를 만들지 않으려면 간단하게라도 동의서를 작성하는 것이 좋아요. 만약 어렵다면 글이 아니라 말로 얼굴 사용에 동의를 구해도 괜찮아요. 이때 혹시 나중에 말을 바꿀 수도 있을 것 같다면 스마트폰으로 동의를 받았다는 사실을 녹음해 두면 더 안전하죠.

영상이나 사진에 얼굴이 정면으로 나오지 않거나, 어떤 행사의 전체적인 분위기를 담기 위해서 멀리서 찍는 경우는 어떨까요? 얼굴 주인이 정확히 보이지 않는 경우라면 일일이 동의를 받지 않아도 될 거예요. 물론 사람이 너무 많은 경우 동의를 다 받기도 어렵겠죠.

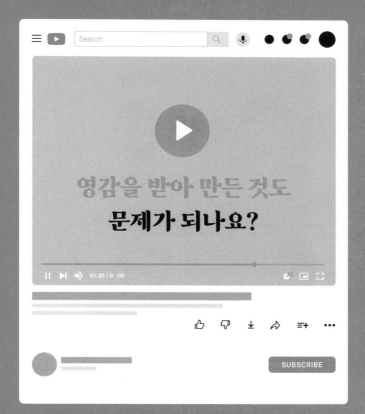
영감을 받아 만든 것도
문제가 되나요?

A가 만든 노래는 저작권을 침해한 것일까요?

〈사례 ❾〉

A는 유행하는 노래를 듣고 자신만의 생각으로 노래를 편
곡해서 SNS에 올렸어요. A가 올린 노래를 들으면 원곡이
떠오를 정도로 비슷하기는 했지요. 그래도 A가 만든 노래
인데, 저작권을 침해한 것일까요?

남의 저작물을 허락 없이 그대로 베끼면 '복제권' 침해
입니다. 1장에서 설명한 내용을 복습해 봐요. 내가 만들
어 낸 창작물이 저작물에 해당하면, 나는 저작권법에 따
라 저작권을 가진 저작권자가 되죠. 저작권은 아주 강력
한 권리예요. 내가 만들어 낸 저작물을 나만 쓸 수 있고,
나의 허락 없이는 누구도 쓸 수 없어요. 저작권은 여러

가지 권리로 나뉘는데, 처음에 설명한 복제copy할 수 있는 권리인 복제권이 중요하다고 얘기했죠. 그리고 어려운 개념이지만 저작권에는 '2차적저작물작성권'이라는 권리도 있어요. 다른 사람의 콘텐츠를 이용해서 나만의 콘텐츠를 만들 때 필요한 권리인 2차적저작물작성권에 대해 살펴볼게요.

> ## 개성이 담겨도 원저작물이 생각나면 2차적저작물

　세상에 완전히 새로운 것은 없다는 얘기가 있어요. 저작물도 마찬가지예요. 다른 사람이 창작한 저작물을 보고 영감을 받으면 더 발전된 저작물을 만들 수 있어요. 그러면서 문화가 발전하는 것이죠.

　1장에서 아이디어에는 저작권이 없다고 했죠? 다른 사람이 제작한 저작물의 구체적인 표현이 아니라 저작물의 기초나 설계도가 되는 아이디어만 차용해서 누가 봐도 완전히 새로운 저작물을 만들어 냈다면 저작권 침해의 문제는 전혀 없어요. 그런데 원저작물을 조금 변형

해서 나만의 개성을 담는 수준이라면 어떨까요? 애니메이션 〈캐치! 티니핑〉의 극장판 1기 〈사랑의 하츄핑〉 사례로 설명해 볼게요.

〈사례 ❿〉

유튜브에 〈사랑의 하츄핑〉을 검색하면 많은 영상이 나옵니다. OST 중 〈처음 본 순간〉은 아이돌 그룹 에스파의 윈터가 불러 화제가 되었습니다. 윈터의 노래가 유명해지자 많은 크리에이터나 연예인도 각자의 개성을 담아 〈처음 본 순간〉을 따라 불렀어요. 가수 김범수도 〈처음 본 순간〉을 불렀습니다. 잠시 윈터와 김범수의 노래를 듣고 비교해 보세요. 같은 노래지만 느낌은 정말 달라요. 김범수의 노래는 클래식 음악이나 성악 느낌이 나서 누가 들어도 윈터의 원곡과 분위기가 다름을 알 수 있습니다. 반주도 다르고요. 김범수는 원저작물에 기초해 본인만의 새로운 개성이나 창작성을 추가해 〈처음 본 순간〉을 불렀습니다. 이러한 경우 가수 김범수는 〈처음 본 순간〉의 저작권을 위반했다고 할 수 있을까요?

원저작물에 기초해서 나만의 새로운 개성이나 새로운

창작성을 추가했지만 누가 봐도 원저작물이 떠오르는 창작물을 저작권법은 '2차적저작물'이라고 불러요. 2차적저작물의 특징은 이렇습니다.

1. 원저작물에 기초
2. 새로운 창작성
3. 실질적 유사성

저작권 중에 '2차적저작물작성권'이 있어요. 남의 저작물을 참고해서 콘텐츠를 만들 때는 2차적저작물작성권에 주의해야 해요. 아마 이 책을 보기 전까지 한 번도 들어 보지 못한 단어일 거예요. 앞에서 설명했듯이 남의 저작물에 기초해 나만의 개성을 담았지만 원저작물이 떠오르는 것을 만드는 행위를 '2차적저작물작성'이라고 해요. 저작권법은 2차적저작물작성도 처음 저작물을 창작한 저작권자만 할 수 있는 행위로 정하고 있죠.

원저작물을 그대로 복사하거나 베끼는 것을 저작권법은 '복제'라고 부른다고 했죠? 남의 저작물을 허락 없이 복사하거나 그대로 베끼면 복제권을 침해했다고 표현해요. 그러니 다른 사람의 저작물을 이용하려면 나만의 개성을 담는 정도라도 원칙적으로는 원저작자의 이용 허락을 받아야 해요.

〈사례 ⑩〉에서 김범수가 부른 버전의 〈처음 본 순간〉도 에스파 윈터가 부른 원곡의 저작권자인 작곡가만 만들 수 있어요. 김범수는 원칙적으로 원곡의 작곡가에게 허락을 받아야만 성악 버전의 〈처음 본 순간〉을 만들어서 부를 수 있죠. 김범수는 허락을 받았을까요? 정확히 확인할 수는 없겠지만, 유튜브 영상 댓글을 보면 서로 합의를 한 것 같아요. 티니핑 공식 유튜브 계정과 김범수 씨 공식 유튜브 계정이 댓글로 서로 감사의 표시를 전하고 있거든요.

저작권자를 알 수 없다면요?

2차적저작물을 만들 때 이용 허락을 받지 않으면 어떻게 될까요? 실제로 남의 창작물을 참고해서 콘텐츠를 만들 때 제대로 이용 허락을 받지 않아 문제가 생겨서 법원까지 간 사례를 살펴볼게요.

〈사례 ⑪〉

작곡가를 알지 못하는 원작 구전동요가 있었어요. 이 구전동요를 바탕으로 미국의 작곡가 조니 온리가 〈Baby Shark〉를 먼저 발매했지요. 이어서 우리나라의 기업 스마트스터디도 구전동요와 유사한 〈상어 가족〉을 발매하죠. 그런데 스마트스터디의 아기상어가 국내에서 인기를 얻고 다시 미국으로 수출되면서 〈Baby Shark〉라는 이름을 달게 되었어요. 원작 구전동요를 참고해서 만들었으니 두 노래가 비슷할 수밖에 없겠죠? 이 사실을 뒤늦게 알게 된 조니 온리는 우리나라 법원에 스마트스터디가 저작권을 침해했다고 소송을 신청했어요. 스마트스터디는 과연 저작권을 침해했을까요?

〈사례 ⑪〉의 경우는 원작 '구전동요'에 기반해 새로운 창작성을 가미해서 조니 온리와 스마트스터디가 각자 2차적저작물을 만든 것으로 볼 수 있어요. 그런데 구전동요는 입에서 입으로 전해진 동요로, 아주 오래전에 누군가가 작곡한 동요예요. 말하자면 저작권자가 누구인지 모르는 오래된 동요죠. 구전동요의 작곡가를 찾기도 어렵고, 누군지 알아낸다고 해도 이미 사망한 지 70년은 넘

었겠죠? 참고로 저작권은 저작권자가 사망한 후 70년까지만 보호된다는 점이 중요해요. 따라서 이번 사례에서 중요한 점은 작곡가의 허락 없이 누구나 구전동요를 기반으로 〈Baby Shark〉나 〈상어 가족〉 같은 노래를 만들 수 있다는 것입니다.

우리나라 법원은 조니 온리의 〈Baby Shark〉와 스마트스터디의 〈상어 가족〉이 비슷한 점도 있지만 다른 점도 있다고 판단했어요. 결과적으로는 스마트스터디가 조니 온리의 곡을 직접 참고해서 만들었다는 증거가 부족하다고 판단해서 저작권 침해가 인정되지 않았지요. 요약하면 조니 온리와 스마트스터디 각각 2차적저작물을 만든 셈이 되고, 그 누구도 저작권을 침해하지 않게 된 것이죠. 법원이 어떻게 판단했는지 살펴볼까요?

원고 곡 내 개별 요소	피고 곡에서 발견
이 사건 구전가요에 반주를 추가해 편곡한 부분	○
드럼 샘플 소스를 활용해 디스코(하우스) 장르의 리듬을 구성하고 베이스 기타, 일렉트릭 기타 등으로 편곡한 부분	○
조성을 사장조G Major로 지정하고 첫 음을 '레'로 확정한 부분	○
1, 2번째 마디의 가락 끝부분에 변화가 있는 부분	×

① 원고 곡이 이 사건 구전가요에 반주를 붙인 최초의 노래도 아니고, 동요에 반주를 붙인다는 아이디어 그 자체는 너무나 평범하여 그것만으로는 작성된 음악저작물의 의거관계를 판별할 정도의 구체적이고 개별적인 사실로 보기 어려운 점, ② 드럼 샘플 소스는 널리 사용되는 것에 불과하고, 원 피고 곡 모두 반주에 드럼, 베이스기타, 일렉트릭 기타가 핵심 악기로 추가되며 사용되고 있으나 이 또한 일반적으로 팝 스타일의 음악 편곡 시에 지루함을 줄여주기 위해 쓰이는 일반적인 기법이며 이 사건 구전가요 중 반주가 붙여진 것들에서도 발견되는 요소인 점, ③ 조성을 지정하는 것은 비단 창작성이 인정되는 부분이 아니라는 점을 배제하더라도, 곡의 분위기와 사용하는 음의 구성에 관한 조성은 서양 음악의 원리에 따라 도합 12개의 음(피아노로 치면 흰 건반음 7개와 검은 건반음 5개에 해당) 중에 으뜸음 하나를 선택함에 따라 바로 결정되어지고, 캠프송 내지 동요라는 노래 목적이 확정되면 사실상 그것에 어울리는 조성 선택 또한 보다 더 한정된 범위 내에서 이루어진다는 점에서 이를 가지고 의거관계를 인정할 만한 고유의 개성이 드러나는 요소라고 볼 수 없는데, 원저작물인 이 사건 구전가요가 적어도 단조가 아닌 장조의 노래이고 다장조나 사장

조와 같은 밝고 흥겨운 분위기에 어울리는 조성으로 만들어졌을 것으로 추단된다는 점에서 위 유사점 부분은 원저작물에 내재한 창작 방법 내지 아이디어를 그대로 사용한 것으로 2차적저작물 간의 의거관계 유사성 판단 시에는 미리 소거될 부분이라고도 볼 수 있는 점, ④ 2007년 구전 가요와 다르게 원고 곡에 있는 일부 가락 변화 부분은 피고 곡에는 발견되지 않는 점 등을 고려할 때, 피고 곡에 있는 이 부분적 유사점만으로는 피고 곡이 원고 곡에 의거해서 제작되었다고 추정케 할 의거관계에서의 유사성을 인정하기에 부족하다.[31]

저작물을 공유해도 문제

집 같은 개인적인 환경에서 다른 사람의 저작물을 가지고 새로운 저작물을 만들어 보는 것은 이용 허락을 받지 않더라도 전혀 문제가 없어요. 나만의 새로운 것을 만들기 위해 연습하는 것을 문제 삼을 수는 없죠. 그렇지만 연습으로 만든 결과물을 적극적으로 공유하게 되면 문제가 될 수도 있어요. 이용 허락을 받지 않고 2차적저작물을 만들려면 저작권법의 '공정이용' 조건을 모두 만족해야 하겠죠? 다만 유료로 판매하기 위한 목적이 아니고 출처를 정확히 밝힌다면 다른 사람의 저작물을 일부 이용해 2차적저작물을 만드는 것은 대부분 문제가 없을 거예요. 다만 모든 경우에 공정이용이 손쉽게 인정되는 것은 아니니 공정이용에 대해 조금 더 자세히 공부할 필요는 있어요.

밈이나 짤을 만들어도 괜찮나요?

'밈meme'이 무엇인지 알고 있나요? 밈은 인터넷이나 문화 속에서 공유하고 퍼뜨리는 이미지, 영상, 문구 행동 등을 의미하는 개념입니다. 인터넷에서 퍼지는 이미지나 영상인 '짤(짤방)' 같은 것들이 전부 밈이죠. 다른 사람의 저작물, 그중에서도 유명한 저작물의 재미있는 부분만 따서 밈을 만들기도 합니다. 밈을 만드는 행위도 '2차적저작물작성'이라고 볼 수 있어요. 재미를 강조하다 보면 조금 짓궂은 밈이 만들어질 수 있습니다. 그런 밈도 많이 보았죠? 저작권자가 보면 기분이 나쁠 것 같기도 하고요. 그래도 밈 문화는 인터넷과 스마트폰이라는 수단을 통해 우리의 문화를 풍요롭게 만들 수 있다고 생각해요. 재미라는 요소도 우리 삶에 꼭 필요한 부분이니까요.

그렇다면 밈을 만들 때도 저작권자에게 일일이 허락받아야 할까요? 저작권 강의를 하면 많이 받는 질문 중 하나예요. 물론 〈사례 ⑪〉처럼 오래된 콘텐츠나 저작권자를 찾을 수 없는 경우라면 이용 허락을 받지 않아도 큰 문제는 없을 거예요. 저작권자가 분명히 있는 경우라 하더라도 밈을 만들 때는 대체로 허락 없이도 가능하다고 생각해요. 밈이 원저작물의 재미있는 부분을 아주 일부만 가져온 것이라면 더더욱 그렇죠. 오히려 밈이 되면 원저작물이나 저작자가 유명해지는 부수적인 효과도 있죠. 다만 저작권자의 '명예를 훼손하는 방식의 심한 원작 훼손'은 저작권법이 금지하고 있기도 해요. 다시 말하지만 저작권법은 창작자 보호와 창작 문화 발전 사이의 균형을 추구하는 법이에요.

제136조(벌칙)
② 다음 각 호의 어느 하나에 해당하는 자는 3년 이하

의 징역 또는 3천만 원 이하의 벌금에 처하거나 이를 병과할 수 있다. 〈개정 2009. 4. 22., 2011. 6. 30., 2011. 12. 2.〉

1. 저작인격권 또는 실연자의 인격권을 침해해서 저작자 또는 실연자의 명예를 훼손한 자

영상을 요약해도 처벌받나요?

다른 사람이 창작한 콘텐츠를 짧게 요약하고 해설을 붙여 유튜브의 '쇼츠'나 인스타그램의 '릴스'에 올리는 '숏폼 동영상'을 많이 봤을 거예요. 앞에서 설명한 사례처럼 긴 영화의 주요 장면만 따오기도 하고, 긴 예능 프로그램에서 재밌는 부분만 쏙쏙 뽑아서 짧게 편집하기도 하죠. 이러한 숏폼 동영상의 문제는 '요약'이라는 행위, 즉 원저작물의 주요 내용을 간결하게 보여 주는 행위입니다. 이 역시 대표적인 '2차적저작물창작' 행위죠.

따라서 저작권 침해 우려가 있으므로 원칙적으로는 저작권자에게 연락해서 숏폼 동영상을 만들어도 되는지 문의하는 것이 맞아요. 요즘 저작권자들도 스스로 숏폼 동영상을 만들고 있잖아요. 유사한 영상이 많아지면 아

무래도 신경이 쓰이겠죠? 그런데 밈 사례에서 설명한 것처럼 실제로는 저작권자들도 무분별하게 창작되는 2차적저작물창작물에 강력하게 대응하진 않는다고 해요. 숏폼 동영상이 원본 콘텐츠를 홍보하는 효과가 있다는 것이죠.[32]

그렇지만 숏폼 동영상 때문에 저작자가 손해를 본다고 생각하는 순간 강력하게 대응할 우려도 있어요. 새로운 유형의 분쟁이 많이 발생하는 중국의 경우 숏폼 동영상으로 인한 소송이 증가하고 있죠. 저작권법 위반을 인정한 법원의 판결도 이미 나왔다고 하네요. 30초, 5초, 4초만 썼는데도 저작권법 위반이라고 판단한 점이 눈에 띄어요.

〈사례 ⓬〉
원고 A 회사는 애니메이션의 저작권자예요. 피고 B 회사는 중국의 숏폼 동영상 플랫폼 더우인抖音에 게임 관련 숏폼 동영상 3개를 업로드했죠. 해당 영상에는 각 30초, 5초, 4초 분량의 원고 애니메이션이 이용되었어요. 나중에 피고는 영상을 삭제했고요.
원고는 피고의 행위가 자신의 성명표시권, 전송권 등 권리를 침해했으며, 피고가 문제의 애니메이션 일부를 상업적 광고에 사용했다고 주장했어요. 법원에 피고는 원고의 경제 손실 15만 위안 및 합리 비용 3800위안을 배상하라는 소송을 제기했죠.

중국 1심 법원은 피고가 게임 광고 제작을 위해 허락 없이 더우인에 문제가 된 애니메이션 일부를 사용해 숏폼 동영상을 제작해서 이용자가 선택한 시간과 장소에서 이를 시청할 수 있도록 했으며, 저작권자인 원고를 표기하지 않았기 때문에 원고의 애니메이션에 대한 전송권과 성명표시권을 침해했다고 했어요. 그래서 저작권 침해로 인한 책임을 부담해야 한다고 보았어요. 결국 피고에게 원고의 경제 손실 2만 5000위안과 합리 비용 3800위안을 배상하라고 판결했지요.[33]

위 판결에서도 볼 수 있듯 숏폼 동영상을 만들면서 공정이용을 주장하기 위해서는 반드시 저작권자를 표기해야 해요. 원본 콘텐츠가 무엇인지 궁금하게 만들기 위해 일부러 출처를 밝히지 않는 경우도 많아요. 하지만 반드시 출처 표기를 생활화해야 해요. 동영상 본문에 자막으로 넣거나 적어도 댓글에 출처를 밝히고 원본 링크도 함께 올려 상단에 고정해 두는 것을 권장합니다.

아이디어와 모방의 차이

다른 사람의 저작물을 학습하고 나만의 창작물을 만들 때 '아이디어'만 참고하는 것은 문제가 되지 않아요. 그러면 어떤 것이 문제가 될까요? 야구 게임 캐릭터 사례로 아이디어의 저작권 문제를 살펴보겠습니다.

〈사례 ⓭〉

게임을 하다 보면 캐릭터의 모습이 완전히 새로운 게임도 있지만 비슷해 보이는 캐릭터도 많아요. 이번 사례는 야구 게임 캐릭터 사건이에요. 레고 모형처럼 머리가 크고 몸이 작은 귀여운 캐릭터가 문제였죠. 두 게임 기업에서 출시한 야구 게임에 등장하는 캐릭터가 비슷했거든요. 2등신에 야구 모자를 쓰고 동글동글한 캐릭터였어요. 캐릭터 특성은 비슷해 보입니다. 다만 구체적인 부분은 조금씩 차이가 있다고도 할 수 있어요. 여러분은 비슷한 캐릭터의 저작권에 관해 어떻게 생각하나요? 함께 판결문을 봅시다.

피고 주식회사 네오플이 제작한 야구를 소재로 한 게임물인 원심 판시 '신야구'에 등장하는 '신야구' 캐릭터는 '실황야구' 캐릭터와, 귀여운 이미지의 야구선수 캐릭터라는 아이디어에 기초하여 각 신체 부위를 2등신 정도의 비율로 나누어 머리의 크기를 과장하고 얼굴의 모습을 부각시키되 다른 신체 부위의 모습은 과감하게 생략하거나 단순하게 표현하는 한편, 역동성을 표현하기 위해 다리를 생략하되 발을 실제 비율보다 크게 표현한 점 및 각 캐릭터의 야구게임 중 역할에 필요한 장비의 모양, 타격과 투구 등 정지 동작의 표현 등에 있어 유사한 면이 있다. 그러나 이와 같은 표현은 '실황야구' 캐릭터가 출시되기 이전에 이미 만화, 게임, 인형 등에서 귀여운 이미지의 어린아이 같은 캐릭터들을 표현하는 데에 흔히 사용되었던 것이거나 야구를 소재로 한 게임물의 특성상 필연적으로 유사하게 표현될 수밖에 없는 것이라 할 것이므로, 위와 같은 유사점들만으로는 양 캐릭터의 창작적 표현형식이 실질적으로 유사하다고 할 수 없는 반면, '실황야구' 캐릭터 저작자의 창조적 개성이 가장 잘 드러난 부분인 얼굴 내 이목구비의 생김새와 표정 및 신발의 구체적인 디자인 등에서 원심 판시와 같은 상당한 차이가 있어, 양 캐릭터 사이에 실질적 유사성이 인정되지 아니하므로, '신야구' 캐릭터가 '실황야구' 캐릭터를 복제한 것이라고 볼 수 없음은 물론 '실황야구' 캐릭터의 2차적저작물에 해당한다고도 볼 수 없다.[34]

판결문처럼 법원은 이런 귀여운 캐릭터를 쓰는 것 자체는 '아이디어'의 영역이라고 보았어요. 귀여운 캐릭터 이용 권한을 누구 한 명에게 독점시킨다면 우리나라에서 귀여운 캐릭터는 멸종할지도 몰라요. 귀여움이 나라를 구한다는 우스갯소리도 있는데, 문화의 다양성을 위해 이런 캐릭터들을 다양하게 만들 권리는 막지 않는 것이 좋겠죠? 아이디어는 그 누구의 것도 아니에요. 아이디어를 가지고 새로운 저작물을 자신 있게 만들어 보자고요.

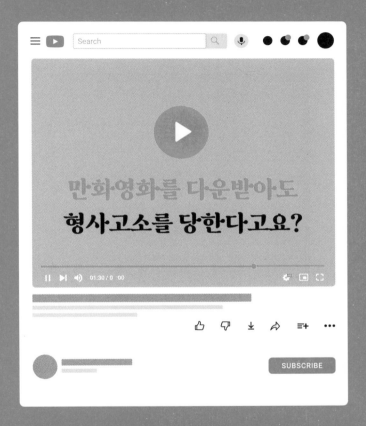

A는 저작권을 침해한 것일까요?

〈사례 ⑭〉

A는 동영상 다운로드 사이트에서 만화영화를 다운받았어
요. A는 친구들에게도 만화영화를 다운받을 수 있게 사이
트 링크를 공유했죠. A는 저작권을 침해한 것일까요?

　영화를 불법으로 다운해서 고소당했다는 이야기를 들
어 봤나요? 실제로 영화를 불법으로 다운하는 사람들을
무더기로 고소해 합의금을 9억이나 챙긴 사람들도 있었
는데요.[35] 여러분도 주변에서 무단으로 콘텐츠를 다운받
았다가 형사고소를 당했다는 사례를 들어 봤을 거예요.
여러 번 설명했지만 저작권법은 무단으로 다른 사람의
저작물을 이용하면 처벌하는 조항을 두고 있어요. 이번

에는 영화나 만화영화처럼 보는 데 돈을 내야 하는 콘텐츠를 다운받거나, 공유할 때 주의할 점을 살펴볼게요.

나만 봐도 문제가 되나요?

유튜브나 넷플릭스에 있는 '다운로드' 기능을 이용해서 해당 앱으로 돌려보는 것은 당연히 괜찮아요. 그런데 유료 콘텐츠를 무료로 볼 수 있는 사이트가 있다면 어떨까요? 이런 곳은 처음부터 구경하지 않는 것이 좋아요. 유료 콘텐츠는 저작자인 창작자에 대한 최소한의 예의를 지키기 위해 정당한 대가를 내고 보아야 하니까요. 그리고 유료 콘텐츠를 무료로 보는 순간 저작자의 저작권을 침해할 수 있으니 조심해야 합니다. 여러분들이 혹시나 이런 콘텐츠를 무단으로 다운받은 경험이 있다면 법적으로 어떻게 되는지 분명히 알아보도록 해요.

제30조(사적이용을 위한 복제)
공표된 저작물을 영리를 목적으로 하지 아니하고 개인적으로 이용하거나 가정 및 이에 준하는 한정된 범

위 안에서 이용하는 경우에는 그 이용자는 이를 복제
할 수 있다. 다만, 공중의 사용에 제공하기 위하여 설
치된 복사기기, 스캐너, 사진기 등 문화체육관광부령
으로 정하는 복제기기에 의한 복제는 그러하지 아니
하다.

저작권법은 사적 이용을 위한 복제라는 조항을 두고
있어요. 영리적 목적이 아니거나 가정 등 개인적인 환경
에서 저작물을 복사해서 이용하는 것은 저작권법 위반이
아니라는 것이죠. 물론 형사적 처벌을 받지는 않지만 폰
트 프로그램 사례처럼 민사 소송이 진행되면 콘텐츠를
이용할 때 내야 하는 돈을 물어 주어야 할 수도 있어요.
　다만 저작권을 침해하는 콘텐츠를 다운받을 수 있다
는 사실을 알면서도 그 링크를 SNS나 게시판에 적극적
으로 공유하면 경우에 따라 형사처벌될 수도 있어요. 과
거에는 직접 저작물을 공유하지 않고 링크만 공유하는
행위는 처벌하지 않았어요. 그러나 2021년 법원에서 이
러한 저작물을 다운받을 수 있는 링크를 공유하더라도
형사 처벌될 수 있다고 판단했어요. 이젠 링크 공유도 주
의해야 하죠. 그렇다면 링크를 공유한 〈사례 ⑭〉의 A는

형사처벌의 대상이 될 수 있겠지요?

　저작권 침해물 링크 사이트에서 침해 게시물에 연결되는 링크를 제공하는 경우 등과 같이, 링크 행위자가 정범이 공중송신권을 침해한다는 사실을 충분히 인식하면서 그러한 침해 게시물 등에 연결되는 링크를 인터넷 사이트에 영리적·계속적으로 게시하는 등으로 공중의 구성원이 개별적으로 선택한 시간과 장소에서 침해 게시물에 쉽게 접근할 수 있도록 하는 정도의 링크 행위를 한 경우에는 침해 게시물을 공중의 이용에 제공하는 정범의 범죄를 용이하게 하므로 공중송신권 침해의 방조범이 성립한다. 이러한 링크 행위는 정범의 범죄행위가 종료되기 전 단계에서 침해 게시물을 공중의 이용에 제공하는 정범의 범죄 실현과 밀접한 관련이 있고 그 구성요건적 결과 발생의 기회를 현실적으로 증대함으로써 정범의 실행행위를 용이하게 하고 공중송신권이라는 법익의 침해를 강화·증대하였다고 평가할 수 있다. 링크 행위자에게 방조의 고의와 정범의 고의도 인정할 수 있다.[36]

토렌트는 처벌 대상

여러분이 아마 판결문을 직접 볼 일은 없을 거예요. 이번 기회에 형사 판결문을 같이 살펴보겠습니다. 유료 콘텐츠를 직접 공유하지 않고 다운로드만 받았는데도 형사처벌이 된 사례예요. 원고는 벌금을 내게 되었습니다.

분명 집에서 다운받고 따로 공유하지 않으면 형사처벌 대상이 아니라고 했는데 무슨 일일까요? 함께 볼 판결문에서 피고인이 형사처벌을 받게 된 것은 '토렌트' 기술 때문이에요. 토렌트는 내가 콘텐츠를 다운받는 동시에 내가 다운받는 콘텐츠를 남에게도 공유해 주는 기술이죠. 인터넷으로 파일을 공유하는 효과적인 기술입니다.

토렌트를 쓰게 되면 콘텐츠를 다운할 때 나의 PC로 다운만 되는 것이 아니라 콘텐츠를 공유하는 효과도 생겨요. 자신이 콘텐츠를 다운받는 그 시간에 접속한 다른 토렌트 이용자에게 내가 다운받는 콘텐츠 일부를 계속 보내게 되는 것이죠. 이렇게 되면 집에서 혼자 사용하는 것이라고 할 수 없습니다. 방금 설명한 사적 이용을 위한 복제 조항이 적용되지 않죠. 경우에 따라서는 위 사례처럼 형사처벌을 받을 수도 있어요.

○○ 지 방 법 원
판   결

사   건   2024고정390 저작권법위반

피 고 인   A

검   사   ○○(기소), ○○(공판)

판결선고   2024. 6. 20

주   문

피고인을 벌금 30만 원에 처한다.

피고인이 위 벌금을 납입하지 아니하는 경우 10만 원을 1일로 환산한 기간 피고인을 노역장에 유치한다.

위 벌금에 상당한 금액의 가납을 명한다.

이   유

범죄사실

누구든지 정당한 권한 없이 저작재산권 그 밖에 저작권법에 따라 보호되는 재산적 권리를 복제, 공연, 공중송신, 전시, 배포, 대여, 2차적저작물 작성의 방법으로 침해해서는 아니 된다.

그럼에도 불구하고 피고인은 2019. 2. 중순경 B에 있는 피고인의 주거지에서 C 프로그램을 이용해 피해자 D의 저작물인 'E' 만화책 파일을 다운로드받음과 동시에 불특정 다수인에게 공중송신해서 피해자의 저작권을 침해했다.

토렌트로 파일을 공유하면 민사상 손해배상을 하기도 해요. 어떤 청소년이 토렌트를 통해 자동으로 소설 파일을 공유해서 불특정 다수인이 다운할 수 있도록 한 사례가 있어요. 그 사례에서 저작권자가 복제권, 공중송신권 등 저작권 침해를 이유로 청소년에게 손해배상청구를 한 사건이었지요. 1심 재판부는 원고에게 350여만 원을 배상하라는 판결을 내렸습니다. 피고가 항소하자 항소심 재판부는 저작권자의 재산상 손해액을 30만 원으로 인정해서 30만 원을 지급하라는 판결을 내렸어요.[37]

저작물을 직접 공유하면 문제

〈사례 ⑮〉

학원 강의를 인터넷으로 공유해 형사처벌을 받은 판결이 있어요. 강의 영상을 누구나 들어올 수 있는 오픈채팅방에 공유한 사례죠. 함께 살펴볼 실제 판결문에 따르면 벌금형이 선고되진 않았지만 저작권법을 위반했기에 형사처벌이 가능하다고 판단했어요.

참고로 함께 볼 판결처럼 '선고 유예' 판결은 죄가 인정되지만 특정 기간에 특정 조건을 잘 지키는 대가로 형사처벌을 면해 주는 제도예요. 공부 목적으로 학생이 저작권을 침해하면 법원도 봐준다는 의미가 아니지요. 아주 특별한 예외 사례이니 주의가 필요해요.

직접 게시판이나 SNS에 저작권자의 허락 없이 무단으로 다운받은 콘텐츠를 적극적으로 공유하게 되면 어떻게 될까요? 물론 형사처벌될 가능성이 더 많아져요. 우리는 영화나 만화영화, 음악을 직접 공유하면 형사처벌될 소지가 있다는 점을 잘 알고 있어요. 그런데 공부와 관련된 콘텐츠는 어떨까요? 공부하는 데 필요한 것이니 괜찮을까요? 강의 영상, 학원 교재나 프린트물 같은 콘텐츠는 서로 공유해서 열심히 공부하면 좋을 것 같아 문제없을 것 같기도 해요.

그러나 학원 강의도 학원 선생님과 학원에 저작권이 있어요. 강의 영상이나 교재, 프린트물 모두 저작물이죠. 학원 교재와 강의를 예로 들게요. 학원 선생님이 열심히 공부하고 자료를 찾아서 여러분들을 위해 강의 교재를 만들고, 그 교재로 온라인 강의를 준비했어요. 이 교재와 강의는 선생님의 사상이나 감정이 표현된 창작물에 해

○○ 지 방 법 원
판 결

사   건   2024고정103 저작권법위반
피 고 인   A
검   사   ○○(기소), ○○(공판)
판결선고   2024. 7. 11

주   문
피고인에 대한 형의 선고를 유예한다.

이   유
범 죄 사 실

누구든지 저작재산권, 그 밖의 저작권법에 의해 보호되는 재산적 권리를 복제, 공연, 공중송신, 전시, 배포, 대여, 2차저작물작성의 방법으로 침해해서는 아니 된다.

그럼에도 불구하고, 피고인은 2023. 2. 20. 21:00경 피고인의 근무지인 용인시 기흥구 B에 있는 C에서, 저작권자인 주식회사 D가 저작재산권을 갖고 있는 'E' 인터넷 강의 동영상을 임의로 녹화해 구글 드라이브에 저장했다.

피고인은 위 구글 드라이브 공유폴더 링크를 카카오톡 오픈채팅방 'F'에 참여한 성명불상자 21명으로부터 피고인 명의 G 은행(계좌번호 1 생략) 계좌로 각 1900원, 합계 39900원을 송금받은 후 위 오픈채팅방에 배포했다.

당하니 저작물이라고 봐야겠죠? 따라서 선생님의 강의나 교재는 유료로 돈을 내고 듣는 것이죠.

선생님의 온라인 강의나 교재, 프린트물이 저작물에 해당한다면 이를 다운받아서 내가 공부하는 것은 아무런 문제가 없어요. 그런데 학원에 다니지 않는 반 친구들을 위해 내가 온라인 강의를 녹화하고, 프린트물 PDF 파일을 SNS나 단톡방에 공유해도 될까요? 학원 선생님이 저작권자라면 학원 선생님의 허락이 필요해요. 허락을 받지 않고 강의 영상이나 프린트물을 공유하면 문제가 생겨요.

누구나 알고 있는 디자인을 써도 되나요?

미키마우스법

'미키 마우스'는 세계적으로 사랑받는 유명 만화 캐릭터입니다. 그런데 이렇게 유명한 캐릭터인 미키 마우스의 이름을 딴 '미키마우스법'이 있다는 것도 알고 있나요? 지금부터 함께 알아봅시다.

저작권 보호기간에 관해 이야기할 때 저작권은 저작자의 사후 70년까지 보호된다고 했죠? 미키마우스법은 저작권이 사후 50년까지 보장되었던 기존 저작권법을 개정해 보호기간을 70년으로 늘린 법의 애칭이에요. 정확히는 'Copyright Term Extension Act', 우리말로는 '저작권 보호기간 연장법'입니다.

이 법의 애칭은 어떻게 '미키마우스법'이 되었을까요? 우선 미키 마우스 캐릭터에 대해 알아봅시다. 미키 마우스 캐릭터의 저작권자는 '디즈니 월드'로 잘 알려진 미국의 엔터테인먼트 회사 '디즈니'예요. 우리나라에 '디즈니플러스'라는 OTT 서비스를 제공하고 있기도 하죠. 디즈니사는 저작권을 아주 강하게 보호하는 회사로 유명해요.

저작권 보호기간 연장법에 미키마우스법이라는 이름이 붙은 이유는 바로 미키 마우스 캐릭터에 대한 저작권 보호기간 50년이 지나서 보호가 어려워졌기 때문입니다. 이 시점에 법이 제정되었죠. 생명 연장이라고 해야 할까요? 사실 미키 마우스 저작권의 생명 연장은 그동안 계속되었어요. 미키 마우스의 저작권이 만료될 즈음, 원래 사후 30년이던 저작권 보호기간이 50년으로 연장되었거든요.

그렇다면 현재에도 미키 마우스의 저작권은 살아있을까요? 살아있기도 하고 그렇지 않기도 해요. 2024년에 드디어 미키 마우스의 저작권이 만료되었다는 소식으로 전 세계가 떠들썩했어요. 저작권 문제 때문에 시도조차 없었던 미키 마우스 캐릭터를 활용한 게임 '인페스테이션 88INFESTATION 88'이 캐릭터 저작권 만료와 동시에 출시되었죠. 정확히 말하면 저작권이 만료된 캐릭터는 1928년 흑백 영화에 나왔던 미키 마우스예요. 앞에서 저작권 보호기간에 관해 설명할 때 예로 들었던 그 미키 마우스입니다. 그러니 미키 마우스 캐릭터를 쓰고 싶다면 주의하세요. 여러분들의 눈에 익은 알록달록한미키 마우스의 저작권은 여전히 건재하답니다.

십원빵 분쟁

경주 명물 '십원빵'을 아시나요? 동전 사용이 줄면서 실물 '10원'을 보지 못한 사람도 있을 수 있겠다는 생각이 문득 드네요. 동전 10원은 신라시대에 세운 석탑인

경주 십원빵

'불국사 다보탑'이 그려져 있어 경주를 상징하는 동전이기도 하죠.

그런데 경주 등지에서 동전 모양 그대로 붕어빵처럼 풀빵을 만들어 팔면서 저작권 분쟁이 벌어졌어요. 한국은행이 동전 도안에도 저작권이 있으니 상업적으로 사용하지 말아달라고 업체들에게 공문을 보낸 것이죠. 이 소식을 듣고 한국은행이 너무 과하게 대응한 것이 아니냐는 반응이 많았어요. 물론 한국은행 입장에서는 화폐 도안이 무분별하게 상업적으로 쓰이면 화폐나 동전의 신뢰성이 떨어진다고 봤을 수도 있겠지만요.

그러나 과연 10원의 도안에 저작권이 인정될지도 논란이 되었지만, 설사 저작권이 있다고 하더라도 저작권의 제한 사유인 '공공저작물'에 해당해 자유롭게 쓸 수 있다는 타당한 주장도 있었어요.

공공저작물은 국가가 저작권을 가지는 저작물의 경우

특별한 예외에 해당하지 않는 한 국민들은 저작물을 자유롭게 이용할 수 있도록 도입된 제도예요. 10원의 경우 공공저작물에 해당한다면 원칙적으로는 상업적으로도 자유롭게 이용할 수 있는 것이죠.

다행히 한국은행이 이런 비판을 의식했는지 화폐 도안을 상업적으로 이용하는 것을 일부 허용하기로 하면서 십원빵 분쟁은 일단락되었어요. 이제 상인들도 마음 놓고 십원빵을 팔 수 있게 된 것이죠. 길거리에서 십원빵을 보면 이런 일도 있었다고 자랑스럽게 이야기해 볼 수 있겠죠?

Copyright 1

Copyright 2

🔔 3장

🔔 크리에이터라면
이 정도는 알아야죠!

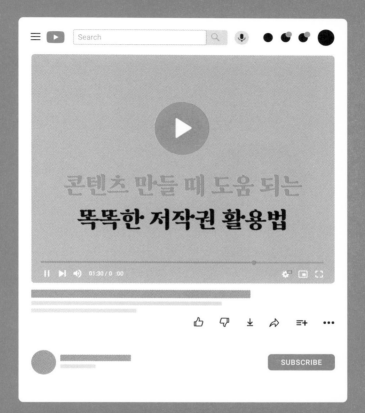

지금까지 대표적인 저작권 문제 사례를 살펴보았어요. 그런데 앞에서 이야기했던 '공정이용Fair Use'이라는 말을 기억하고 있나요? 저작권을 침해한 경우라도 공정이용으로 인정받으면 저작권법 위반이 되지 않는 사례들이 중간중간 나왔었는데요. 이번에는 바로 공정이용에 대해 더 자세히 살펴보도록 하겠습니다!

| 공정이용이 무엇인가요?

우리 저작권법 제1조에는 "이 법은 저작자의 권리와 이에 인접하는 권리를 보호하고 저작물의 공정한 이용

을 도모함으로써 문화 및 관련 산업의 향상 발전에 이바지함을 목적으로 한다"라고 되어 있어요. 즉 저작권법은 저작자의 권리만 보호하는 법이 아니라 저작물의 공정한 이용도 도모하는 법이지요.

저작권자의 권리만 보호하다 보면, 어떤 저작물에 대해 정당한 비평이나 패러디, 그 저작물에 기반한 새로운 창작물도 제대로 나오기 힘들어요. 그렇다면 문화가 발전할 수 있을까요? 인간이 만든 창작물 중 완벽하게 타인의 저작물의 영향을 받지 않고 만들어 내는 창작물은 없을지도 몰라요. 그러니까 저작권자의 권리만 보호하다 보면 창작의 영역이 지나치게 제한될 수 있고, 그만큼 문화가 덜 발전할 수 있다는 것이지요.

공정이용과 관련된 조항으로는 저작권법 '제28조'와 '제35조의5'가 있어요. 본래 제28조에서만 저작재산권을 제한하는 규정을 두고 있었는데 2011년에 저작권법이 개정되면서 저작물의 공정한 이용이라는 조항이 새로 만들어졌어요.

저작권법 제28조에서는 공표된 저작물은 정당한 범위 안에서 공정한 관행에 합치되게 이를 '인용'할 수 있다고 하고 있어요. 법 제35조의5에서는 저작물의 공정한

'이용'을 규정하고 있는데요. 저작물의 통상적인 이용 방법과 충돌하지 않고 저작자의 정당한 이익을 부당하게 해치지 않으면 저작물을 이용할 수 있다고 하고 있어요. 다른 사람의 저작물을 끌어다 사용하는 사례 외에도 다른 사람들의 저작물을 이용하는 사례도 많아요. 그 경우에는 법 제35조의5가 적용된다고 할 수 있어요.[38]

저작물을 공정하게 이용하고 있는지를 판단하기 위해서는 '이용의 목적 및 성격', '저작물의 종류 및 용도', '이용된 부분이 저작물 전체에서 차지하는 비중과 그 중요성', '저작물의 이용이 그 저작물의 현재 시장 또는 가치나 잠재적인 시장 또는 가치에 미치는 영향'을 고려해야 해요.

사례를 통해 살펴볼까요? 먼저 손담비의 노래 〈미쳤어〉 사례를 다시 볼게요. 사례에서의 판결은 저작권법 제28조를 적용한 판례지만, 제35조의5의 판단 기준에 따라 공정하게 인용한 것인지 판단하고 있어요. 이용의 목적이나 용도가 영리적이지 않고, 이용된 부분도 53초 영상 중 15초에 불과하다는 점, 이 영상이 원저작물인 〈미쳤어〉라는 노래의 시장가치에 악영향을 미치거나 시장수요를 대체할 정도는 아니라고 본 것이 바로 그것이지요.

　우리 판례나 공정이용의 법리를 우리보다 먼저 확립한 미국의 판례를 살펴봤을 때 실제로 이용의 목적 및 성격이 상업적인 경우보다는 비상업적인 경우, 이용된 저작물이 공표된 저작물이고, 사실적(역사적 사실 등을 다룬) 저작물에 가까울 경우,[39] 이용된 부분이 저작물 전체에서 차지하는 양이 적거나, 핵심적인 내용을 이루지 않는 경우, 저작물이 그 저작물의 현재 시장 또는 가치에 미치는 영향이 적은 경우에 공정이용으로 인정될 가능성이 높아요.

| 5분 이내로만 인용하면 괜찮다는데요?

　그렇지 않아요. 과거 '영상물을 5분 이내로 편집해서 사용하는 것은 허용하자'라는 주장이 있었지만, 현행 저작권법상 저작물 중 몇 분까지 괜찮다는 기준은 없어요. 〈대괴수 용가리〉 사례에서도 SBS는 영화에서 3분 분량의 영화 장면을 내보냈는데 공정이용으로 인정되지 않았지요. 이처럼 스스로 저작물을 공정하게 이용하는 것

같아도, 결국 사용 허락을 받아야 합니다.

공정이용은 결국 법원의 판단을 받아야 해요. '나는 상업적으로 사용한 것이 아니니까 공정하게 이용한 거야', '나는 그렇게 저작물을 많이 쓰지 않았으니 공정이용에 해당해' 이렇게 마음대로 생각해서 타인의 저작물을 마구 사용하면 저작권 침해 문제로 곤란해질 수 있어요.

혹시 내가 공정하게 이용하고 싶은데 판단을 받아 보고 싶다면, 해당 저작물을 이용하기 전에 한국저작권위원회에 '저작권 법률문의'를 해 보는 것도 좋아요.

한국저작권위원회 법률문의 홈페이지
www.copyright.or.kr/business/counsel/law/write.do

크리에이티브 커먼즈 라이선스

인터넷으로 누구나 창작물을 발표, 공유, 편집할 수 있는 시대입니다. 앞서 말한 것처럼 다른 사람의 창작물을 보고 영감을 받아 2차적저작물을 만들 수도 있죠. 이런 시대에 매번 원저작자에게 연락해 작품을 보고 영감을 받았다거나, 어떤 허락을 구하기란 쉽지 않아요. 그래서 저작자들은 자신의 저작물을 쓸 수 있게 미리 허락했습니다. 이를 '크리에이티브 커먼즈 라이선스(이하 CC 라이선스)'라고 불러요. CC 라이선스는 저작자가 일정한 조건 하에 자신의 저작물을 다른 사람들이 자유롭게 이용할 수 있도록 허락하는 라이선스입니다. CC 라이선스를 구성하는 이용 허락 조건은 4개가 있고, 이 이용 허락 조건들을 조합한 6종류의 CC 라이선스가 존재합니다.

이외에도 'CC0'라는 조건도 있는데요. 내 저작물을 아무런 조건 없이 전 세계 누구나 사용할 수 있게 하는 '퍼블릭 도메인'이에요. 퍼블릭 도메인은 저작권이 소멸된 저작물로, 저작권 보호기간이 지나 저작권이 만료된 저작물 또는 저작권자가 저작권을 포기한 저작물입니다. CC0이 적용된 저작물은 누구나 영리적인 목적으로 포함한 어떤 목적으로든 그 저작물을 이용할 수 있어요.

만일 내가 인용 또는 이용하고 싶은 저작물에 'CC 라이선스 표기'가 되어 있다면, 해당 표기에 맞는 방법으로는 얼마든지 해당 저작물을 이용할 수 있답니다. 그리고 자신의 저작물을 다른 사람이 이용했으면 할 때도 CC

이용 허락 조건

저작자와 출처를 표시해야 합니다.

비영리 목적으로만 사용할 수 있습니다.

변경하거나 다른 창작물에 이용하지 말아주
세요.

내 저작물을 이용해 새로운 저작물을 창작
한 경우, 동일한 라이선스를 붙여야 합니다.

CC 라이선스

저작자 표시(CC BY)

저작자 표시－비영리(CC BY－NC)

저작자 표시－변경 금지
(CC BY－ND)

저작자 표시－동일 조건
변경 허락(CC BY－SA)

저작자 표시－비영리－동일 조건
변경 허락(BY－NC－SA)

저작자 표시－비영리－변경 금지
(BY－NC－ND)

라이선스 표시를 만들어 붙일 수 있지요.

마음대로 쓸 수 있는 저작물

국가도 저작물을 가지고 있습니다. 역사와 관련된 자료뿐만 아니라 다양한 분야의 자료들이 있기에 이를 많은 사람이 활용하면 큰 도움이 될 수 있겠죠. 정확한 정보와 고품질의 자료만 있어도 새로운 콘텐츠나 비즈니스 모델을 개발할 수도 있습니다. 그래서 우리나라에서는 공공저작물에 대한 이용 허락 절차의 부재, 저작권 권리 처리 문제 등으로 인한 활용의 어려움을 없애고자 이용 허락 표시 제도인 '공공누리Korea Open Government License'를 만들었어요. 공공누리라는 이름에는 '누구나 자유롭게 이용할 수 있게 한다'라는 의미가 담겨 있죠. 국가, 지방자치단체, 공공기관이 만든 공공저작물의 경우 공공저작물 자유 이용 허락 표시 제도에 따라 자유롭게 이용할 수 있어요. 그러니 우리나라에서 제공하는 저작물을 사용하고 싶다면 CC 라이선스와 유사한 공공누리라는 마크를 확인하고, 그 마크에서 내걸고 있는 조건에 따라 사용하면 된답니다. 공공누리 홈페이지에서 필요한 저작물을 검색해서 사용해 보세요. 다양한 이미지, 영상, 오디오, 글꼴(폰트) 등을 발견할 수 있을 거예요.

공공누리 말고도 공공저작물을 이용할 수 있는 사이트가 있어요. 바로 한국저작권위원회에서 운영하는 '공유마당'이라는 사이트입니다. 이곳에서는 37만 건이 넘는 사진, 미술, 폰트, 어문저작물들을 무료로 공유하고 있어요.

공공누리에서는 국가, 지방자치단체, 공공기관이 만든 공공저작물을 찾을 수 있다면 공유마당에서는 저작권 보호기간 만료 저작물, 기증되거나 자유 이용이 허락된 저작물, 공공기관 무료 개방 저작물 등을 찾아볼 수 있어요. 공공누리 기증 작품 중 대표적인 작품으로는 작곡가 고 안익태의 유족들이 2005년에 기증한 '애국가', 화가 김중만이 2013년에 기증한 사진 작품들이 있답니다.

예술가들이 기증한 작품 말고도 소상공인 추천 음악도 있고, 안심 글꼴 파일들도 있어요. 그러니 무료 음원이나 글꼴 파일 프로그램이 필요할 때도 안심하고 이용할 수 있지요. 물론 각 저작물마다 이용 허락 조건이 다르므로 꼭 라이선스를 확인하고 사용하세요.

유형	공공누리 마크	유형 설명
제1유형: 출처 표시		• 출처 표시 • 상업적, 비상업적 이용 가능 • 변형 등 2차적 저작물작성 가능
제2유형: 출처 표시 + 상업적 이용 금지		• 출처 표시 • 비상업적 이용만 가능 • 변형 등 2차적 저작물작성 가능
제3유형: 출처 표시 + 변경 금지		• 출처 표시 • 상업적, 비상업적 이용 가능 • 변형 등 2차적 저작물작성 금지
제4유형: 출처 표시 + 상업적 이용 금지 + 변경 금지		• 출처 표시 • 비상업적 이용만 가능 • 변형 등 2차적 저작물작성 금지
만료 공공저작물		• 이용 조건 (출처 표시 포함) 없음

공공누리 유형

공공누리 홈페이지
kogl.or.kr/

공유마당 홈페이지
gongu.copyright.or.kr/gongu/main/main.do

후기

집필을 마무리하고 다시 한번 글을 되돌아봤어요. 내가 전달하고자 하는 핵심은 무엇이었을까? 변호사들도 어려워하는 저작권법인데 쉽게 잘 전달했을까? 판단은 이 책을 읽는 독자분들이 해 주실 것으로 믿고 글을 마무리하면서 핵심적인 내용을 뽑아 정리해 봤어요.

| 출처 표시 생활화 | |

크리에이터는 완전히 새로운 작품을 창작할 수 있지만, 대부분 다른 사람이 창작한 저작물을 기반으로 자신만의 창의성을 더하며 활동해요. 그렇기에 크리에이터는 저작권법에서 말하는 '이용자'이면서 '저작자'라는 독특한 지위를 가지죠.

먼저 저작자의 입장에서 생각해 봐요. 만약 내가 만든 저작물을 다른 사람이 가로채서 마치 본인이 만든 것인 양 행동하면 어떨까요? 화가 나겠죠. 화가 나는 이유는 무엇일까요? 내가 저작물을 만드는 데 드는 노력을 철저히 무시당했다는 점일 것입니다.

이용자의 입장에서도 생각해 봐야 합니다. 자신이 다른 사람의 저작물을 가지고 본인의 저작물을 만들 때 그 사람의 노력을 고려했는지 생각해 볼 필요가 있어요. 내가 존중받으려면 남을 존중하는 것이 기본입니다.

이용자로서 다른 사람의 저작물을 이용할 때 그 노력을 존중하는 가장 쉬운 방법은 출처 표기예요. 저작물의 이름과 저작자의 이름을 표기해 주는 것이 존중의 시작입니다. 나에게 콘텐츠를 만들 수 있는 원료를 제공한 사람에게 할 수 있는 가장 쉬운 감사의 인사 아닐까요?

공정이용을 라이프스타일로

'라이프스타일life-style'이라는 말이 있어요. 한 사람만이 가지는 기본적인 생활 방식이죠. 여러분이 크리에이터로서 가진 라이프 스타일은 무엇인가요? 많은 구독자? 두둑한 광고 수익? 저작권을 존중하는 태도와 더불어 '공정이용' 그 자체를 라이프스타일로 하면 어떨까요. 공정이용은 다른 사람의 저작물에 새로운 의미를 더하면서 원작자의 권리를 해치지 않는 방식으로 나의 저작물을 만든다는 것이니까요.

본인의 채널은 작고 소중한 구독자들만 오는 곳이니까 공정이용은 생각할 겨를이 없다고 할 수도 있겠죠. 하지만 상업적인 성공 여부와 무관하게 공정이용은 크리에이터라면 누구나 가지고 있어야 할 핵심적인 생활

방식이 되면 좋겠어요. 물론 상업적으로 성공해서 광고 수익이 많이 발생한다면 다른 사람의 저작물을 이용할 때 공정이용을 주장하기 어려울 수도 있어요. 공정이용은 저작권법이 정한 강력한 권리의 예외라고 설명했죠? 오히려 자신의 채널이 작고 소중할수록 공정이용은 다른 사람의 저작물을 자유롭게 이용할 수 있게 해 주는 무기가 될 수 있어요. 상업적으로 성공한 채널 주인이라도 공정이용을 통해 창작의 범위를 넓힐 수도 있고요. 잠깐. 공정이용을 이야기하려면 출처 표기는 필수라는 점은 잊지 않았죠?

법의 균형이 중요

 변호사가 되기 전부터 저작권에 관심이 있었던 것은 아니에요. 저작권 행사와 이용을 합리적으로 하기 위한 활동에 참여하면서 저작권에 관심을 가지게 되었어요. 저는 우리나라 저작권법의 형사처벌 조항이 남용되고 있다는 점이 가장 큰 문제라고 생각했어요. 청소년이나 사회운동을 하는 시민사회단체를 상대로 공정이용으로 볼 수 있는 경우까지 저작권 형사고소가 이루어지는 사례가 빈번했기 때문이에요. 저는 공정이용 조항을 이용해서 부당하게 형사소송을 당한 분들을 한 분 한 분 도 와드리기 시작했어요. 의미 있는 공정이용 법원 판결도 여럿 받을 수 있었지요.

 문제는 공정이용이 아닌 일반적인 사안에서도 발생해

요. 우리나라 저작권법은 작은 저작권법 위반 행위도 원칙적으로 형사처벌을 하도록 하고 있습니다. 형사고소를 무제한으로 할 수 있어서 저작권법 위반을 이유로 한 형사고소가 늘어나고 사회문제가 되기도 했어요. 일단 형사고소를 하고 취소해 주는 대가로 큰 합의금을 받는 이른바 '합의금 장사'가 앞서 말한 사회문제입니다.

미국의 경우는 어떨까요? 미국은 저작권법을 위반하더라도 작은 경우는 애초에 형사처벌을 하지 않도록 하고 있어요. 상업적으로 큰 손실로 이어지지 않는 저작권법 위반 행위는 국가가 나서서 형사처벌할 필요가 없다는 뜻이죠. 이런 국내외 상황을 고려해서 우리나라에서도 작은 저작권법 위반 행위는 형사처벌하지 않도록 하는 저작권법 개정안이 국회에 여러 번 올라왔어요. 그러나 저작자들의 반대를 이유로 쉽게 저작권법이 개정되지 못하고 있는 실정이에요.

크리에이터는 저작자인 동시에 이용자죠? 형사처벌을 통한 저작물의 보호도 중요하지만 이런 일들이 남용된다면 크리에이터로서 다른 사람의 저작물을 이용하는 데도 큰 어려움이 생길 수 있다고 생각해요. 앞으로 저작권법 개정에 많은 관심을 가져주세요.

박지환

이미지 출처

주

1 서울고등법원 2014. 12. 4. 선고 2014나2011480 판결

2 오승종,《저작권법 강의-제4판》(박영사, 2023), 250쪽.

3 위의 책, 300쪽.

4 대법원 2010. 3. 11. 선고 2009다4343 판결

5 위의 판결

6 오승종,《저작권법 강의-제4판》(박영사, 2023), 330쪽.

7 위의 책, 336~337쪽.

8 서울중앙지방법원 2019. 10. 18. 선고 2019나9391 판결

9 〈작곡 좀 하는 AI, 근데 저작권은 누가 갖지?〉,《이데일리》2023년 1월 5일 자

10 한국저작권위원회, 문화체육관광부《생성형 AI 저작권 안내서》(한국저작권위원회, 2023), 59쪽.

11 위의 책, 66쪽.

12 위의 책, 82~84쪽.

13 위의 책, 58쪽.

14 위의 책, 30~33쪽.

15 방송통신위원회, 생성형 AI 윤리가이드_저작권1, 2024. 4. 2.

16 한국저작권위원회, 문화체육관광부《생성형 AI 저작권 안내서》(한국

저작권위원회, 2023), 98쪽.

17 위의 책, 98쪽.

18 위의 책, 98쪽.

19 위의 책. 62쪽.

20 서울고등법원 1994. 4. 6. 선고 93구25075 판결

21 대법원 2001. 6. 29. 선고 99다23246 판결

22 대법원 2017. 11. 23. 선고 2015다1017, 1024, 1031, 1048 판결

23 김현숙(한국소프트웨어저작권협회), "PDF 문서에 사용된 폰트의 저작권에 대한 고찰", 법학연구 vol.19(2016), 263~291쪽.

24 대법원 1997. 11. 25. 선고 97도2227판결 등 참조

25 서울남부지방법원 2008. 6. 5. 선고 2007가합18479 판결

26 〈'스포일러 요약 영화' 유튜버에 48억 배상 책임 지운 日법원〉,《아주경제》2022년 12월 7일 자

27 유튜브 정책 및 가이드라인 참고

28 〈박찬욱도 몰랐다… 오징어게임이 저작권료를 받으려면?〉,《KBS》 2021년 10월 21일 자

29 서울고등법원 2012. 10. 24. 선고 2011나104668 판결

30 서울남부지방법원 2010. 2. 18. 선고 2009가합18800 판결

31 서울중앙지방법원 2023. 5. 19. 선고 2021나52763 판결

32 〈'흑백요리사' 불펌 쇼츠 쏟아지는데 왜 단속 안 될까〉,《30미디어오늘》2024년 10월 8일 자

33 한국저작권위원회. (2022). 중국·동남아 저작권 월간 동향, 2022년 4월호 https://www.copyright.or.kr/business/koreacopyright/info/data/view.do?brdctsno=50707&pageIndex=1&noticeYn=&brdclasscodeList=&etc2=&etc1=&searchText=&searchkeyword=&brdclasscode=&nationcodeList=&searchTarget=ALL&nationcode

34 대법원 2010. 2. 11. 선고 2007다63409 판결

35 〈영화 '불법 다운로드' 무더기 고소⋯합의금 9억 챙긴 부부〉,《nate 뉴스》2024년 4월 26일 자

36 대법원 2021. 9. 9. 선고 2017도19025 전원합의체 판결 [저작권법 위반방조]

37 서울중앙지방법원 2019. 10. 18. 선고 2019나9391 판결

38 오승종,《저작권법 강의-제6판》(박영사, 2024), 890쪽.

39 위의 책, 899쪽.

무심코 표절을 한 십대에게

초판 1쇄 발행 2025년 5월 30일

지은이 | 송시현·박지환
펴낸곳 | (주)태학사
등록 | 제406-2020-000008호
주소 | 경기도 파주시 광인사길 217
전화 | 031-955-7580
전송 | 031-955-0910
전자우편 | thspub@daum.net
홈페이지 | www.thaehaksa.com

편집 | 조윤형 여미숙 김태훈
마케팅 | 김민선
경영지원 | 김영지

ⓒ 송시현·박지환, 2025. Printed in Korea.

값 15,000원
ISBN 979-11-6810-351-1 43360

"주니어태학"은 (주)태학사의 청소년 전문 브랜드입니다.

책임편집 김태훈
디자인 이유나
그림 시눙